二訂版

こども
世界(せかい)
国旗図鑑(こっきずかん)

編著＝苅安 望

平凡社

目次

6 アジア

アゼルバイジャン
アフガニスタン
アラブ首長国連邦
7 アルメニア
イエメン
イスラエル
8 イラク
イラン
インド
9 インドネシア
ウズベキスタン
オマーン
カザフスタン
10 カタール
カンボジア
キプロス
11 キルギス
クウェート
サウジアラビア
ジョージア
12 シリア
シンガポール
スリランカ
13 タイ
大韓民国
タジキスタン
中華人民共和国
14 朝鮮民主主義人民共和国
トルクメニスタン
トルコ
15 日本
ネパール
パキスタン
バーレーン
16 バングラデシュ
東ティモール
フィリピン
17 ブータン
ブルネイ
ベトナム

マレーシア
18 ミャンマー
モルディブ
モンゴル
19 ヨルダン
ラオス
レバノン
コラム：国旗のタテヨコ比率

20 ヨーロッパ

アイスランド
アイルランド
アルバニア
21 アンドラ
イギリス
イタリア
22 ウクライナ
エストニア
オーストリア
23 オランダ
ギリシャ
クロアチア
コソボ
24 サンマリノ
スイス
スウェーデン
25 スペイン
スロバキア
スロベニア
セルビア
26 チェコ
デンマーク
ドイツ
27 ノルウェー
バチカン
ハンガリー
フィンランド
28 フランス
ブルガリア
ベラルーシ
29 ベルギー
ボスニア・ヘルツェゴビナ

ポーランド
ポルトガル
30 マケドニア
マルタ
モナコ
31 モルドバ
モンテネグロ
ラトビア
リトアニア
32 リヒテンシュタイン
ルクセンブルク
ルーマニア
33 ロシア
ヨーロッパ連合
国際オリンピック委員会
国際パラリンピック委員会

34 アフリカ

アルジェリア
アンゴラ
ウガンダ
35 エジプト
エスワティニ
エチオピア
36 エリトリア
ガーナ
カーボヴェルデ
37 ガボン
カメルーン
ガンビア
ギニア
38 ギニアビサウ
ケニア
コートジボワール
39 コモロ
コンゴ共和国
コンゴ民主共和国
サントメ・プリンシペ
40 ザンビア
シエラレオネ
ジブチ
41 ジンバブエ

	スーダン	セントクリストファー・ネーヴィス
	赤道ギニア	セントビンセント及び
	セーシェル	グレナディーン諸島
42	セネガル	セントルシア
	ソマリア	ドミニカ共和国
	タンザニア	54 ドミニカ国
43	チャド	トリニダード・トバゴ
	中央アフリカ	ニカラグア
	チュニジア	55 ハイチ
	トーゴ	パナマ
44	ナイジェリア	バハマ
	ナミビア	バルバドス
	ニジェール	56 ベリーズ
45	ブルキナファソ	ホンジュラス
	ブルンジ	メキシコ
	ベナン	57 コラム：国旗なんでもランキング
	ボツワナ	
46	マダガスカル	**58 南アメリカ**
	マラウイ	アルゼンチン
	マリ	ウルグアイ
47	南アフリカ	エクアドル
	南スーダン	59 ガイアナ
	モザンビーク	コロンビア
	モーリシャス	スリナム
48	モーリタニア	60 チリ
	モロッコ	パラグアイ
	リビア	ブラジル
49	リベリア	61 ベネズエラ
	ルワンダ	ペルー
	レソト	ボリビア
	国際連合	国際赤十字

50 北アメリカ

アメリカ合衆国
アンティグア・バーブーダ
エルサルバドル
51 カナダ
キューバ
グアテマラ
52 グレナダ
コスタリカ
ジャマイカ

62 オセアニア

オーストラリア
キリバス
クック諸島
63 サモア
ソロモン諸島
ツバル
64 トンガ
ナウル
ニウエ
65 ニュージーランド
バヌアツ
パプアニューギニア
パラオ
66 フィジー
マーシャル諸島
ミクロネシア連邦

67 国際オリンピック委員会・国際パラリンピック委員会加盟地域

アメリカ領サモア
アメリカ領バージン諸島
アルバ
68 イギリス領バージン諸島
グアム
ケイマン諸島
台湾（チャイニーズ・タイペイ）
バミューダ
69 パレスチナ自治政府
プエルトリコ
フェロー諸島
香港
マカオ
70 国名・地域名のさくいん（五十音順）

各国の順序は、世界をアジア、ヨーロッパ、アフリカ、北アメリカ、南アメリカ、オセアニアの6大州に分け、それぞれの州の国を五十音順に並べてあります。また、アジアとヨーロッパにまたがるロシアはヨーロッパにのせました。国旗は旗ざおが左側になるように描いてあります。国名は通称国名と正式国名です。

国名、面積、人口、首都、主な言語は世界国勢図会 2018/19、地理統計要覧2018年版などによりました。

国名の右横に IOC IPC マークがある国と地域は、それぞれ国際オリンピック委員会（IOC）と国際パラリンピック委員会（IPC）に加盟していることを示します。

アジア

比率1:2

面　積：8万7000km²
人　口：983万人
首　都：バクー
主な言語：アゼルバイジャン語

アゼルバイジャン IOC IPC
アゼルバイジャン共和国

1991年にソ連から独立したカスピ海西岸にある国です。青はトルコ系民族、赤が近代化への決意、緑がイスラムを表しています。中央にイスラムのシンボル、白い三日月と星が描かれ、八角星は国内の8つのトルコ系民族を表しています。この旗は独立していた1918年から1920年にも使われていました。

比率2:3

面　積：65万3000km²
人　口：3553万人
首　都：カブール
主な言語：パシュトゥー語、ダリー語

アフガニスタン IOC IPC
アフガニスタン・イスラム共和国

長い内乱を経た末、2004年に政権ができて新しい国旗が採用されました。黒は外国に支配されていた暗い過去、赤は英国からの独立をめざした戦いで流された血、緑は達成した独立、平和とイスラムを表しています。国章には2本の小麦の穂で包まれたイスラム寺院と2本の国旗が描かれています。

比率1:2

面　積：8万4000km²
人　口：940万人
首　都：アブダビ
主な言語：アラビア語

アラブ首長国連邦 IOC IPC
アラブ首長国連邦

ペルシャ湾に面する7つの首長国が連邦をつくり英国から独立しました。国旗は赤、緑、白、黒の「汎アラブ色」を使用しています。赤は犠牲者の血、緑は肥沃な国土、白は平和と純粋さ、黒は国に近代化をもたらす石油を表しています。国土の大部分を砂漠が占めています。かつてトルシャル・オーマンと呼ばれていた地域です。

アジア

アルメニア IOC IPC
アルメニア共和国

比率1：2

面　積：3万km²
人　口：293万人
首　都：エレバン
主な言語：アルメニア語

1991年にソ連から独立して赤、青、オレンジの横三色国旗が制定されました。赤は国民の戦い、青は平和を求める国民、オレンジ色は勤勉な国民を表しています。この旗はアルメニアのアララト山にノアの箱舟が着いたときに、アルメニア人に神様から与えられた「虹の旗」に由来しているとも言われています。

イエメン IOC IPC
イエメン共和国

比率2：3

面　積：52万8000km²
人　口：2825万人
首　都：サヌア
主な言語：アラビア語

1990年5月、北イエメンと南イエメンが統合しイエメン共和国となりました。赤、白、黒はもともとはエジプト国旗の色で、旧北イエメンと南イエメン国旗に共通して使われ、アラブ統一をめざす汎アラブ運動を象徴しています。赤は自由と統一のために流された血、白は輝ける未来、黒は過去の暗黒時代を表しています。

イスラエル IOC IPC
イスラエル国

比率8：11

面　積：2万2000km²
人　口：832万人
首　都：エルサレム（日本を含め国際的には認められていない）
主な言語：ヘブライ語、アラビア語

国旗の青と白はユダヤ教のお祈り用肩掛けショールの色です。青はパレスチナの空、白はイスラエル建国をめざすシオニストの清い心を表しています。国旗の中央にある青い六角星の模様は「ダビデの盾」と呼ばれています。伝統的なユダヤ教のシンボルです。この旗は1948年5月建国後の11月に国旗に制定されました。

比率2：3

面　積：43万5000km²
人　口：3828万人
首　都：バグダッド
主な言語：アラビア語

| イラク IOC IPC
イラク共和国

国旗の赤は戦いで流した血、白は明るい未来、黒は過去の抑圧、緑はイスラムを表しています。国旗の中央にアラビア書道のクーフィー体で「神は偉大なり」と書かれています。1932年の独立以来、国旗は数回変更されていますが、すべて「汎アラブ色」である赤、白、黒、緑の4色が使われています。

比率4：7

面　積：162万9000km²
人　口：8116万人
首　都：テヘラン
主な言語：ペルシャ語

| イラン IOC IPC
イラン・イスラム共和国

国旗の緑はイスラム、白は平和、赤は勇気を表しています。中央に人間の成長と変革を示す垂直に立つ剣と、進化を示す4つの三日月を描いた国章が配されています。緑と赤の帯の内側に「神は偉大なり」の文字が、革命記念日のイラン暦1357年バーマン22日を示すように上下11回ずつ、合計22回書かれています。

比率2：3

面　積：328万7000km²
人　口：13億3918万人
首　都：デリー
主な言語：ヒンディー語

| インド IOC IPC
インド

サフラン色は勇気と犠牲、白は平和と真理、緑は忠誠と礼節、青は空と海を表しています。国旗の中央に描かれたチャクラ（法輪）は仏教のシンボルで、24本の軸は1日24時間を示して終わりなき人生と進歩を象徴しています。チャクラは古代アショカ王が建てた柱頭に由来しています。1947年に国旗に制定されました。

アジア

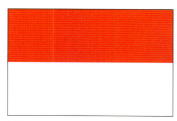
比率2:3

面　積：191万1000km²
人　口：2億6399万人
首　都：ジャカルタ
主な言語：インドネシア語

インドネシア IOC IPC
インドネシア共和国

国旗の赤は勇気、白は純粋を表しています。13世紀後半にジャワ島に成立したマジャパイト王国が赤と白の旗を使用したと言われています。オランダからの独立をめざして戦ったインドネシア国民党も赤、白の旗を使いました。1945年8月17日の独立宣言日にこの二色旗が正式に国旗に制定されました。

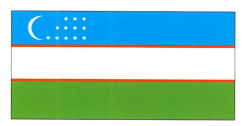
比率1:2

面　積：44万9000km²
人　口：3191万人
首　都：タシケント
主な言語：ウズベク語、ロシア語

ウズベキスタン IOC IPC
ウズベキスタン共和国

1991年にソ連から独立した中央アジアの国です。青は水と空を表し、14世紀のティムール朝の旗にも使われました。白は平和、緑は新しい生活と自然、赤は民衆の生命力を示しています。三日月は国民の大多数を占めるムスリムを示すとともに独立を象徴しています。12個の白い五角星は1年を構成する12カ月と十二宮図を表しています。

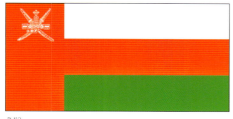
比率1:2

面　積：31万km²
人　口：464万人
首　都：マスカット
主な言語：アラビア語

オマーン IOC IPC
オマーン国

国旗の赤は外部からの侵略者との戦い、白は繁栄と平和、緑は肥沃な国土を表しています。旗竿側上部には国章が描かれています。国章はオマーンで古くから使われてきた剣を交差させ、その上に短剣と飾り付きベルトを配置したもので、18世紀から使用されてきた紋章であると言われています。

比率1:2

面　積：272万5000km²
人　口：1820万人
首　都：アスタナ
主な言語：カザフ語、ロシア語

カザフスタン IOC IPC
カザフスタン共和国

1991年にソ連から独立した国です。青は何世紀にもわたり遊牧を行ってきたトルコ系民族とモンゴル系民族の空を象徴する伝統の色です。その青が平和と幸福、黄は希望、中央の太陽は高い理想、鷲は自由を表しています。旗竿側にカザフスタンに特有な装飾模様を描いています。1992年に国旗に制定されました。

カタール IOC IPC
カタール国

9個の山型で海老茶と白に染め分けた国旗は世界の国旗の中でもっとも横長なものです。9個の山型は英国と保護条約を交わした9番目の首長国を表しています。もともとはアラビア半島東部のイスラム・ハワーリジュ派のシンボル色の赤であったものが、太陽光線で海老茶に変色したとされ、1949年に公式色になりました。

比率11:28

面　積：1万2000km²
人　口：264万人
首　都：ドーハ
主な言語：アラビア語

カンボジア IOC IPC
カンボジア王国

中央のアンコール・ワットは12-15世紀のクメール王国が建てた寺院の遺跡で、この国のシンボルです。青は王室、白は仏教、赤は国家を表しています。この国旗は1948年に制定されました。1953年にフランスから独立し、その後共産政権下でいく度か国旗が替わりましたが、1993年にこの国旗に戻りました。

比率2:3

面　積：18万1000km²
人　口：1601万人
首　都：プノンペン
主な言語：カンボジア語

キプロス IOC IPC
キプロス共和国

1960年に英国から独立した地中海にある国で、ギリシャ系とトルコ系の人が住んでいます。国旗は双方の友好協力を示すデザインとする取り決めで、白地にキプロス島を中央に描いたものです。オリーヴの枝は平和、キプロス島の金色は銅の産地であるキプロスの富を表しています。1960年に国旗として制定されました。

比率2:3

面　積：9300km²
人　口：118万人
首　都：ニコシア
主な言語：ギリシャ語、トルコ語

アジア

比率 3：5

面　積：20万km²
人　口：605万人
首　都：ビシュケク
主な言語：キルギス語、ロシア語

キルギス IOC IPC
キルギス共和国

1991年にソ連から独立した中央アジアの国です。中央に黄色い太陽とキルギス人が使う「ユルト」と呼ばれる移動式テントを真上から見た形に描いた赤旗で、遊牧民の歴史と生活を示しています。太陽はキルギスの部族数を表す40本の光線を放っています。赤は勇敢さと勇気、黄色は平和と豊かさを示しています。

比率 1：2

面　積：1万8000km²
人　口：414万人
首　都：クウェート
主な言語：アラビア語

クウェート IOC IPC
クウェート国

1961年に英国から独立しました。「汎アラブ色」と言われる緑、白、赤、黒を使った国旗です。13世紀の詩から取られたもので、緑はアラブの土地、白は戦士の純粋、赤は剣に付いた血、黒は国土を守る戦闘を表しています。隣国イラクで1959年まで使われていた台形と「汎アラブ色」からなる国旗に似ています。

比率 2：3

面　積：220万7000km²
人　口：3294万人
首　都：リヤド
主な言語：アラビア語

サウジアラビア IOC IPC
サウジアラビア王国

中央上に「アッラーの他に神はなく、ムハンマドはアッラーの使徒なり」というコーランの聖句と、下に1本の白い真っすぐな剣を描いた緑の旗です。緑はイスラムを示す色で、ムハンマドのターバンの色とも言われています。剣はイスラムの力と聖地メッカの守護を意味しています。1980年に制定されました。

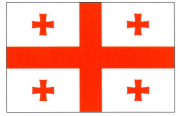
比率 2：3

面　積：7万km²
人　口：391万人
首　都：トビリシ
主な言語：ジョージア語

ジョージア IOC IPC
ジョージア

1991年の独立にともない黒と白の横縞を左上部に入れたえんじ色の国旗を制定しましたが、2004年の政変で大統領が替わり、新しい国旗が採用されました。12世紀から14世紀にかけて使われた中世ジョージア王国の国旗を原型にした、赤い大きな十字と、その余白に小さい十字を配置した旗になりました。

比率2：3

面　積：18万5000km²
人　口：1827万人
首　都：ダマスカス
主な言語：アラビア語

シリア　IOC　IPC
シリア・アラブ共和国

「汎アラブ色」を使った国旗です。赤は自由への戦い、白は平和、黒は暗黒時代を、2個の緑の五角星は美しいアラブの大地とその統一を表しています。この国旗は1958年にエジプトとアラブ連合を結成したときにつくられたもので、1980年までは違う国旗を使用していました。

比率2：3

面　積：700km²
人　口：571万人
首　都：なし（都市国家）
主な言語：マレー語、英語、中国語

シンガポール　IOC　IPC
シンガポール共和国

赤は平等と世界人類、白は純粋と美徳を表しています。5個の五角星は平等、正義、進歩、平和、民主主義を示し、三日月はイスラムとは無関係で若い国家の発展を象徴しています。この国旗は1959年に制定されましたが、1963年から1965年まではマレーシア連邦に加盟したので違う国旗を使っていました。

比率1：2

面　積：6万6000km²
人　口：2088万人
首　都：スリジャヤワルダナプラコッテ
主な言語：シンハラ語、タミル語、英語

スリランカ　IOC　IPC
スリランカ民主社会主義共和国

国旗の右側中央に描かれた剣を持つライオンは国民の大多数を占めるシンハラ人を、四隅の菩提樹の葉は仏教を、黄は仏教による国家・国民の加護を表しています。旗竿側にある緑とオレンジ色はそれぞれ、ムスリムとヒンドゥー教徒であるタミル人を示しています。この国旗は1978年に制定されました。

アジア

比率2：3

面　積：51万3000km²
人　口：6904万人
首　都：バンコク
主な言語：タイ語

タイ　IOC　IPC
タイ王国

赤は国民の血、白は信仰に守られた国民の純粋さ、青はタイ王室を表しています。最初の国旗は無地の赤旗でしたが、1855年に中央に白い象が加えられました。1916年に国王は赤と白を使った5本の横縞国旗を制定しましたが、翌年中央の赤縞をタイ王室を意味する青に替えた新しい国旗を採用しました。

比率2：3

面　積：10万km²
人　口：5098万人
首　都：ソウル
主な言語：韓国語

大韓民国　IOC　IPC
大韓民国（韓国）

白は平和、中央の太極は陰陽、善悪、新旧、男女など万物が相反するものから成立するという中国古来の思想を表します。4つの卦は四季、方角、天地水火などで国の和合と国家の発展を表します。また、白地で国土を、陰陽で国民を、4つの卦で政府を表し、旗全体で国家を表しています。赤、青、白は朝鮮の伝統的な色です。

比率1：2

面　積：14万3000km²
人　口：892万人
首　都：ドゥシャンベ
主な言語：タジク語、ロシア語

タジキスタン　IOC　IPC
タジキスタン共和国

1991年にソ連から独立した国です。タジク人はイラン系民族で、イラン国旗の3色を国旗に使っています。赤は国家主権、白はこの国の主要産物である綿花、緑はそのほかの農産物を表しています。国旗の中央に描かれている黄色い紋章は、天国にあると言われる7つの果樹園を示す五角星と国民を示す王冠です。

比率2：3

面　積：960万km²
人　口：14億952万人
首　都：ペキン（北京）
主な言語：中国語

中華人民共和国　IOC　IPC
中華人民共和国（中国）

国旗はデザイン・コンテストで選ばれました。赤は共産主義の象徴であり、また漢民族の伝統的な色です。大きな黄色い五角星は中国共産党の指導力を、小さな4つの黄色い星は中国人民の団結を表しています。また、5つの星は漢民族、モンゴル人、チベット人、満州人、ウイグル人の統合を示しており、黄色は光明を表していると言われています。

比率1:2

面　積：12万1000km²
人　口：2549万人
首　都：ピョンヤン（平壌）
主な言語：朝鮮語

朝鮮民主主義人民共和国　IOC　IPC
朝鮮民主主義人民共和国（北朝鮮）

国旗は旗竿寄りの白い円の中に赤い五角星を描いた青、白、赤、白、青の横5分割旗です。これら3色は朝鮮の伝統的な色で、青は国家の主権と平和への願いを、白は輝ける歴史文化を持つ朝鮮民族を、赤は革命で流された血を、赤い五角星は社会主義社会の建設を、白い円は陰陽を表しています。

比率2:3

面　積：48万8000km²
人　口：576万人
首　都：アシガバット
主な言語：トルクメン語、ロシア語

トルクメニスタン　IOC　IPC
トルクメニスタン

1991年にソ連から独立した国です。国旗の旗竿寄りに主要5部族のグルという伝統的な絨毯模様が描かれています。その下には1995年に国連でトルクメニスタンの永世中立が決議された記念にオリーヴの枝が加えられました。緑はイスラムのシンボル色で、三日月は明るい未来、5個の五角星は5つの州を示しています。

比率2:3

面　積：78万4000km²
人　口：8075万人
首　都：アンカラ
主な言語：トルコ語

トルコ　IOC　IPC
トルコ共和国

勇気を象徴する赤がトルコ民族の色です。白い三日月と星はイスラムのシンボルであると同時に守護神で、月の女神ディアナの三日月と聖母マリアの明けの明星を表し、古くからコンスタンティノープルで使われてきました。この国旗はオスマン帝国国旗としても使われましたが、1936年に共和国国旗に制定されました。

アジア

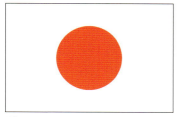

比率2:3

面　積：37万7972km²
人　口：1億2709万人
首　都：東京
主な言語：日本語

日本 IOC IPC
日本国

「日章旗」「日の丸」と呼ばれ、白は純粋、赤は情熱や忠誠心の意味を持ち、太陽を表しています。1854年に日本国の総船印に定められ、1870年に海上で使用するための商船旗用と軍艦旗用の2つの規格の日の丸が交付されました。1999年8月、日の丸は正式に日本の国旗として法律で制定されました。

比率11:9

面　積：14万7000km²
人　口：2931万人
首　都：カトマンズ
主な言語：ネパール語

ネパール IOC IPC
ネパール連邦民主共和国

ヒマラヤ山脈にある国で三角形を2つ合わせた世界でも珍しい形の国旗を使っています。太陽と月は古くからのシンボルでネパールの装飾美術品にもよく見受けられ、国家の長期間にわたる繁栄を示しています。2つの三角形は高くそびえるヒマラヤ山脈を、青は平和と調和、赤は勇気を表しています。

比率2:3

面　積：79万6000km²
人　口：1億9702万人
首　都：イスラマバード
主な言語：ウルドゥー語

パキスタン IOC IPC
パキスタン・イスラム共和国

緑はイスラムの神聖な色で国の繁栄を、白は平和を、三日月は進歩を、五角星は光明と知識を表しています。もともとは全インド・イスラム連盟旗として採用された白い三日月と五角星を配した緑の旗でしたが、1947年8月にパキスタンとして独立したとき、少数派の非ムスリムを示す白い縦パネルを加えて国旗としました。

比率3:5

面　積：800km²
人　口：149万人
首　都：マナーマ
主な言語：アラビア語

バーレーン IOC IPC
バーレーン王国

19世紀初頭より多くの湾岸土侯国で平和と戦闘を象徴する白と赤の旗が使われてきましたが、この国旗の原型も19世紀につくられました。白と赤の山型は1933年に考案されましたが、2002年2月に国が立憲王国になったとき、イスラムの五行思想にもとづいて、8個から5個の山型に替えられました。

比率3：5

面　積：14万8000km²
人　口：1億6467万人
首　都：ダッカ
主な言語：ベンガル語

バングラデシュ IOC
バングラデシュ人民共和国

1947年に英領インドより東西パキスタンが独立し、その東パキスタンが1971年、バングラデシュとして分離独立しました。国旗は日の丸に似たデザインで、旗竿寄りに赤い円を入れた緑の旗です。緑は国の若さと活力を、赤は独立の戦いで流された犠牲者の血と独立日の夜明けの太陽を示しています。

比率1：2

面　積：1万5000km²
人　口：130万人
首　都：ディリ
主な言語：テトゥン語、ポルトガル語

東ティモール IOC IPC
東ティモール民主共和国

長い独立闘争の末、2002年5月にインドネシアから東ティモール民主共和国として独立しました。国旗は1975年当時の宗主国であったポルトガルからの独立を宣言したときに採用した国旗を一部修正したもので、黒い三角形は克服すべき困難、黄は植民地主義の痕跡、赤は独立闘争、白い五角星は平和を表しています。

比率1：2

面　積：30万km²
人　口：1億492万人
首　都：マニラ
主な言語：フィリピノ語、英語

フィリピン IOC IPC
フィリピン共和国

白い三角形は自由の象徴で、8本の光を放つ太陽は1898年スペインに反乱を起こした8州を、3個の五角星はルソン、ビサヤ諸島、ミンダナオの主要3島を示しています。青は平和と正義、赤は勇気、白は平等を表しています。この国旗は戦争が始まると逆さまにして赤を上にし、国民の勇気を奮い立たせます。

アジア

比率2:3

面　積：3万8000km²
人　口：81万人
首　都：ティンプー
主な言語：ゾンカ語

ブータン IOC IPC
ブータン王国

黄は国王の指導力を、オレンジ色は仏教を、白は純粋と忠誠心を表しています。国名のブータンは「雷竜の国」を意味し、山々に響き渡る雷は竜の鳴き声であると信じられてきました。竜がつかんでいる玉は国の富と成熟を表しています。竜のデザインは現在の国旗になる前から使われてきました。

比率1:2

面　積：5800km²
人　口：43万人
首　都：バンダルスリブガワン
主な言語：マレー語、英語

ブルネイ IOC IPC
ブルネイ・ダルサラーム国

1984年に英国から独立した国です。黄はスルタンを、白は首相を、黒はそのほかの大臣を表しています。中央の赤い国章は平和と繁栄を示す2本の上向きの手、「常に神の教えに従え」と書かれた三日月、その中に鳥の羽に支えられた旗と日傘、底部に「穏やかな地ブルネイ」の標語リボンを配置したものです。

比率2:3

面　積：33万1000km²
人　口：9554万人
首　都：ハノイ
主な言語：ベトナム語

ベトナム IOC IPC
ベトナム社会主義共和国

1945年にベトナム民主共和国が成立し、赤地に黄色の五角星を描いた国旗が採用されました。1954年に南北に分断され国旗が2つになりましたが、1976年の南北ベトナム統一後はこの旗を国旗として使っています。星の5つの光は労働者、農民、兵士、知識人、商人、赤は血、黄色は革命を表しています。

比率1:2

面　積：33万km²
人　口：3162万人
首　都：クアラルンプール
主な言語：マレー語、英語、中国語

マレーシア IOC IPC
マレーシア

1957年に英国より独立し、1963年マレーシアを結成しました。国旗の赤と白はマレーシアをはじめ東南アジアで親しまれている色で、青は国の統一を表しています。黄は王室の色で三日月と星はイスラムを示し、星の14の光と赤白の14本の縞はマレーシア連邦を構成する州と首都を表しています。

ミャンマー IOC IPC
ミャンマー連邦共和国

2010年に歯車、稲穂、星を描いた白い紋章を左上部に付けた赤い旧国旗を廃止し、中央に永続する連邦を示す白い星を付けた黄、緑、赤の三色旗に変えました。黄は団結、緑は平和と安らかさ、赤は勇気と決意を示しています。国旗のタテヨコ比率も5：9から2：3に変わりました。

比率2：3

面　積：67万7000km²
人　口：5337万人
首　都：ネーピードー
主な言語：ミャンマー語

モルディブ IOC
モルディブ共和国

この国を含めインド洋に面した多くのイスラム諸国はかつて無地の赤旗を使っていましたが、20世紀初頭になって白い三日月を描いた緑の長方形を加え、黒白斜め縞を旗竿側に入れた旗を採用しました。この斜め縞は1965年独立時に取られました。白い三日月はイスラムを、緑は平和と繁栄、赤は犠牲者の血を表しています。

比率2：3

面　積：300km²
人　口：44万人
首　都：マレ
主な言語：ディヴェヒ語

モンゴル IOC IPC
モンゴル国

赤は進歩と繁栄を、黄色は永遠の友情を、青はモンゴルの伝統的な色でモンゴル国民を表しています。左側の紋章はソヨンボと呼ばれ、国の繁栄を示す炎、宇宙と永遠を示す太陽と三日月、敵を倒す弓矢と槍を示す2つの三角形、前進と正直を表す2つの長方形、陰陽を示す巴から構成されています。

比率1：2

面　積：156万4000km²
人　口：308万人
首　都：ウランバートル
主な言語：モンゴル語

アジア

比率 1：2

面　積：8万9000km²
人　口：970万人
首　都：アンマン
主な言語：アラビア語

ヨルダン　IOC　IPC
ヨルダン・ハシェミット王国

初代国王アブドゥラーは旗竿側に赤い三角形を持つ黒、緑、白のトルコ支配への反乱旗の、緑と白の色順を変え、白い七角星を加えた旗を国旗に採用しました。これはイスラム聖典であるコーランの第1章の全7節を意味しています。黒はアッバース朝、白はウマイヤ朝、緑はファティマ朝、赤はハシェミット朝を表しています。

比率 2：3

面　積：23万7000km²
人　口：686万人
首　都：ビエンチャン
主な言語：ラオス語

ラオス　IOC　IPC
ラオス人民民主共和国

赤は自由と独立を求めて戦った国民の血、青は国の繁栄とメコン川、白い円はメコン川に出る満月と幸運と国民の団結を表しています。この旗はもともとはラオス愛国戦線（パテト・ラオ）によってつくられた旗で、1953年にフランスから独立し、王国時代を経て1975年にラオス愛国戦線が政権を取って、正式に国旗になりました。

比率 2：3

面　積：1万km²
人　口：608万人
首　都：ベイルート
主な言語：アラビア語、英語、フランス語

レバノン　IOC　IPC
レバノン共和国

赤は犠牲心と勇気、白は平和と純粋を表しています。聖書に出てくる「レバノン杉」がこの国の象徴で、富と力を表しています。第1次世界大戦中にフランスとともに戦うレバノン軍団旗にこのレバノン杉が登場しました。フランスの統治を経て1943年に独立を果たし、レバノン杉を中央に配置した国旗を採用しました。

国旗の タテヨコ比率

日本　比率2：3

イギリス　比率1：2

ドイツ　比率3：5

世界の国旗にはそれぞれもっとも美しく見せるタテヨコの比率があります。世界の独立国197カ国の国旗比率を調べてみると、もっとも多いのが2：3で日本や中国など91カ国あります。次に多いのは1：2でイギリス、マレーシアなど55カ国です。3位は3：5でドイツ、コスタリカなど30カ国あります。

ヨーロッパ

比率18:25

面　積：10万3000km²
人　口：34万人
首　都：レイキャビク
主な言語：アイスランド語

アイスランド　IOC　IPC
アイスランド共和国

青は国を取り囲む海、赤は活火山と溶岩、白は氷山と雪を表しています。数世紀にわたりデンマークに支配されて独自の国旗を持てなかったのですが、1915年にアイスランドの伝統色である青と白にデンマーク国旗の赤と白を組み合わせた十字の旗の使用が承認され、1944年に国旗になりました。

比率1:2

面　積：7万km²
人　口：476万人
首　都：ダブリン
主な言語：アイルランド語、英語

アイルランド　IOC　IPC
アイルランド

数世紀にわたり黄色い竪琴を中央に描いた緑の旗が使われてきましたが、19世紀に入りケルトの伝統を示す緑、オレンジ公ウイリアム支持者を示すオレンジ色と平和を意味する白から構成される縦三色旗になりました。この旗は英国からの独立運動の象徴となり、1937年に正式に国旗になりました。

比率5:7

面　積：2万9000km²
人　口：293万人
首　都：ティラナ
主な言語：アルバニア語

アルバニア　IOC
アルバニア共和国

15世紀に英雄スカンデルベグがオスマン帝国と戦った際に双頭の鷲を描いた赤旗を使っていました。1912年に独立宣言した際、この旗が国旗として採用されました。政権が替わるたびに双頭の鷲の頭上に特別なデザインを加えてきましたが、1992年に共産党政権が崩壊すると、赤い星が取られ、独立当時のこの国旗に戻りました。

ヨーロッパ

比率7:10

面　積：500km²
人　口：8万人
首　都：アンドララベリャ
主な言語：カタルーニャ語、フランス語

アンドラ　IOC　IPC
アンドラ公国

1993年に独立するまでこの国はスペインのウルヘル司教とフランスが共同して主権を持つ公領で、中央の紋章にはウルヘル司教を示す冠と錫杖、カタルーニャを示す赤と黄の縦縞、フランスの古い州であるベアルンを示す赤い牛が描かれています。青はフランス、赤はスペイン、黄はローマ・カトリックを表しています。

比率1:2

面　積：24万2000km²
人　口：6618万人
首　都：ロンドン
主な言語：英語

イギリス　IOC　IPC
グレートブリテン・北アイルランド連合王国（英国）

英国の国旗は、白地に赤十字のイングランドの聖ジョージ旗と青地に白Ｘ字のスコットランドの聖アンドリュース旗が1606年に組み合わされ、さらに1801年に白地に赤Ｘ字のアイルランドの聖パトリック旗が組み込まれて完成しました。３つの旗を組み合わせて作ったので「ユニオン・フラッグ」と呼ばれています。

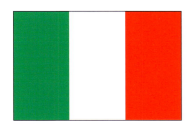

比率2:3

面　積：30万2000km²
人　口：5936万人
首　都：ローマ
主な言語：イタリア語

イタリア　IOC　IPC
イタリア共和国

緑、白、赤の縦三色旗で、緑は美しい国土、白は雪、赤は熱血を表しています。1797年にナポレオンは北イタリアに進出し共和国をつくり、緑、白、赤の縦三色国旗を採用しました。一説にはフランス国旗の青をナポレオンの好きな緑に替えたそうです。第２次世界大戦まで国旗にあった王章が戦後、削除されました。

比率2：3

面　積：60万4000km²
人　口：4422万人
首　都：キエフ
主な言語：ウクライナ語、ロシア語

ウクライナ IOC IPC
ウクライナ

青と黄の横二色旗です。青は空を、黄は主要農産物である小麦を表しています。もともとは1848年の革命時に使われていた、ガリチア公国の青盾と黄色いライオンの紋章に由来しています。1922年にソ連に組み込まれ、この国旗の使用は禁じられてきましたが、1991年の独立により国旗が復活しました。

比率7：11

面　積：4万5000km²
人　口：131万人
首　都：タリン
主な言語：エストニア語

エストニア IOC IPC
エストニア共和国

国旗の青は空、黒は国土、白は自由への願望を表しています。この旗はロシア帝国領だった当時のエストニアの学生組織ビィロニアが考案したもので、1918年から1940年までは独立国家エストニアの国旗として使われていました。1940年にソ連に併合されましたが、1991年独立し、国旗として復活しました。

比率2：3

面　積：8万4000km²
人　口：874万人
首　都：ウィーン
主な言語：ドイツ語

オーストリア IOC IPC
オーストリア共和国

この国旗のデザインは、1191年のムスリムとのアッコンの戦いでオーストリア公レオポルト5世がベルト部分のみを残して返り血を浴び、服が真っ赤だったとの故事に由来しています。オーストリア・ハンガリー二重帝国時代には中央に双頭の鷲が描かれていましたが、第1次世界大戦後は単頭となって、政府旗にのみ用いられています。

ヨーロッパ

比率2:3

面　積：4万2000km²
人　口：1704万人
首　都：アムステルダム
主な言語：オランダ語

オランダ IOC IPC
オランダ王国

赤、白、青の横三色旗で赤は国民の勇気、白は信仰心、青は忠誠心を表しています。ヨーロッパに多い三色旗の原型と考えられています。1581年に成立したネーデルラント連邦共和国ではオレンジ公ウイリアムに由来するオレンジ色、白、青の三色旗が使われましたが、海上で識別しにくいため、赤に替えられました。

比率2:3

面　積：13万2000km²
人　口：1116万人
首　都：アテネ
主な言語：ギリシャ語

ギリシャ IOC IPC
ギリシャ共和国

オスマン帝国に支配されていた15世紀から、この国のキリスト教徒は独立闘争のシンボルとして青と白の旗を使っていました。1822年にこのシンボル色の国旗を採用しました。青は海と空、白は自由と国民の純粋さ、9本の縞は独立戦争時の「自由か死か」というかちどきの9音節を表しています。

比率1:2

面　積：5万7000km²
人　口：419万人
首　都：ザグレブ
主な言語：クロアチア語

クロアチア IOC IPC
クロアチア共和国

1990年のユーゴスラビアからの独立にともない制定された国旗です。伝統的なクロアチアの市松模様の上にクロアチア、ラザク、ダルマチア、イストリア、スラボニアの5個の歴史的な盾をのせた国章を中央に配した赤、白、青の横三色旗です。この三色旗は19世紀、オーストリアへの反乱旗として登場していました。

比率2:3

面　積：1万1000km²
人　口：180万人
首　都：プリシュティナ
主な言語：アルバニア語、セルビア語

コソボ IOC
コソボ共和国

2008年2月にセルビアから独立したコソボは同日、国旗を制定しました。ヨーロッパ連合（EU）旗に似た旗で、青はヨーロッパとの協調、白は平和、アーチ状に並んだ6個の星はコソボに住むアルバニア、ボスニア、トルコ、ロマ、マケドニア、セルビアの6民族を表しています。黄色でかたどられたコソボは豊かな国土を表しています。

比率 3：4

面　積：60km²
人　口：3万人
首　都：サンマリノ
主な言語：イタリア語

サンマリノ IOC IPC
サンマリノ共和国

中央に国章を置いた白、青の横二色旗です。白はチタノ山にかかる雪、青は空を表しています。国章にはダチョウの羽を付けたサンマリノ市の3つの塔が描かれ、両脇には月桂樹とカシの枝を配しています。下部には国の標語である「自由」という語が記されたリボンがあり、共和国でありながら主権を象徴する王冠がのっています。

比率 1：1

面　積：4万1000km²
人　口：848万人
首　都：ベルン
主な言語：ドイツ語、フランス語

スイス IOC IPC
スイス連邦

中央に白十字を配した赤い正方形の旗。赤は主権、白はキリスト教精神を表しています。神聖ローマ帝国では軍旗に、神に仕える意味を示す白く十字を抜いた赤旗を使用していました。この旗は13世紀建国当時のシュウィーツ州が神聖ローマ皇帝から授かったもので、これをもとに現在の国旗が1889年につくられました。

比率 5：8

面　積：43万9000km²
人　口：991万人
首　都：ストックホルム
主な言語：スウェーデン語

スウェーデン IOC IPC
スウェーデン王国

黄色い十字を入れた青旗です。青は澄み切った空、黄はキリスト教と自由と独立を表しています。これらの色はスウェーデン王室の紋章から取られたものです。数世紀にわたって戦ったデンマークの国旗をモデルにして16世紀から使われています。現在の国旗はノルウェーが分離した1905年に制定されました。

ヨーロッパ

比率2：3

面積：50万6000km²
人口：4635万人
首都：マドリード
主な言語：スペイン語

スペイン IOC IPC
スペイン王国

赤、黄、赤の横三分割旗です。赤は祖先の勇気、黄は富を表しています。国章にはカスティリャ（赤地に黄色い城）、アラゴン（黄地に赤縞）、レオン（白地に赤紫ライオン）、グラナダ（白地に赤ザクロ）、ナバラ（赤地に黄鎖）、ブルボン（青円に黄イチハツ）を示すデザインと、両側にヘラクレスの柱が描かれています。

比率2：3

面積：4万9000km²
人口：545万人
首都：ブラチスラバ
主な言語：スロバキア語

スロバキア IOC IPC
スロバキア共和国

1993年にチェコスロバキアから分離独立したスロバキアは白、青、赤の横三色旗の旗竿寄りに国章を入れた国旗を1992年に制定しました。これら3色はロシア国旗と同じ色で「汎スラブ色」と呼ばれています。国章には二重十字とスロバキアにあるタトラ、マトラ、ファトラの山々を示す青い3つの丘が描かれています。

比率1：2

面積：2万km²
人口：208万人
首都：リュブリャナ
主な言語：スロベニア語

スロベニア IOC IPC
スロベニア共和国

1991年にユーゴスラビアから分離独立したスロベニアは「汎スラブ色」である白、青、赤の横三色旗の旗竿側上部に国章を入れた国旗を制定しました。南アルプスのトリグラフ山と青い空に黄色い3つの六角星を描いた紋章です。下部にある青い2本の波形の線はスロベニアの海岸を表しています。

比率2：3

面積：7万7000km²
人口：710万人
首都：ベオグラード
主な言語：セルビア語

セルビア IOC IPC
セルビア共和国

「汎スラブ色」を使った赤、青、白の横三色旗で旗竿寄りに略式国章が置かれています。12世紀ビザンチン帝国のシンボルで4個のCから構成されるオシラ章と白い十字を描いた赤い盾を胸に抱え、足元には2本の黄色いイチハツの花を配した白い双頭の鷲が描かれています。この国旗は2004年に制定され、2010年に青帯の色を濃い青に変えました。

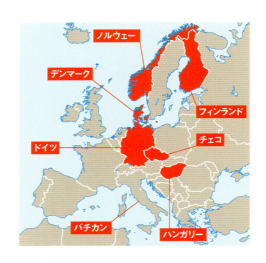

チェコ   IOC IPC
チェコ共和国

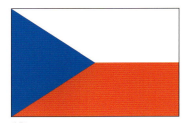

比率2:3

- 面　積：7万9000km²
- 人　口：1062万人
- 首　都：プラハ
- 主な言語：チェコ語

1918年独立当時の国旗はボヘミアの伝統色である白と赤の横二色旗でしたが、後に共和国の一部であるスロバキアとモラビアのシンボルとして青い三角形が旗竿側に加えられました。青は空、白は純粋、赤は独立闘争で流された血を表しています。1993年のスロバキア分離後も変更されずに使われています。

デンマーク   IOC IPC
デンマーク王国

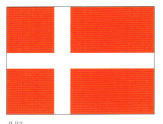

比率28:37

- 面　積：4万3000km²
- 人　口：573万人
- 首　都：コペンハーゲン
- 主な言語：デンマーク語

この国旗は「ダンネブロ」と呼ばれ世界の国旗の中でもたいへん古い歴史を持ち、北欧諸国の国旗に多い旗竿寄りのキリスト教を示す十字「スカンジナビア十字旗」のモデルになっています。伝説ではこの国旗は1219年、国王ワルデマール2世が異教徒エストニア人と戦っていたときに空から降ってきたと言われています。

ドイツ   IOC IPC
ドイツ連邦共和国

比率3:5

- 面　積：35万7000km²
- 人　口：8211万人
- 首　都：ベルリン
- 主な言語：ドイツ語

黒は力、赤は熱血、金は名誉を表しています。この国旗は1848年に採用されました。その後、ほかの国旗が用いられたこともありましたが東西ドイツに分裂した1949年に再び西ドイツの国旗となり、一方の東ドイツでは1950年から1990年まで別の国旗が採用され、東西統一後はこの旗が統一ドイツの国旗になりました。

ノルウェー IOC IPC
ノルウェー王国

比率 8:11

面　積：32万4000km²
人　口：531万人
首　都：オスロ
主な言語：ノルウェー語

長年デンマークに支配され赤地に白い十字を旗竿寄りに入れたデンマーク国旗が使われてきましたが、1821年にスウェーデンの支配となり、1905年にスウェーデンから分離したときにデンマーク国旗の白十字の中に青十字を入れた赤い旗を国旗として制定しました。赤は国民の熱情、青は海とノルウェー国土、白は雪を表しています。

バチカン
バチカン市国

比率 1:1

面　積：0.44km²
人　口：800人
首　都：なし（都市国家）
主な言語：ラテン語、フランス語、イタリア語

1929年、独立国家としてバチカン市国が成立したときに黄と白の縦二色旗が国旗に制定されました。この2色は十字軍遠征時代のエルサレム王国の、銀色の盾に金十字が入った紋章に由来します。白地に描かれた紋章の交差している2本の鍵は、使徒ペテロがイエスから授かったキリスト代理者の印で、ローマ教皇の力を示しています。

ハンガリー IOC IPC
ハンガリー

比率 1:2

面　積：9万3000km²
人　口：972万人
首　都：ブダペスト
主な言語：ハンガリー語

この三色旗はハンガリーの古い紋章から取り入れられ、1848年に公式に採用されました。その後、共産政権時代には中央に国章が入れられていましたが、1957年に取り除かれました。赤は強さ、白は忠誠心、緑は希望を表しています。1989年の共産政権崩壊後も変わらない国旗です。

フィンランド IOC IPC
フィンランド共和国

比率 11:18

面　積：33万7000km²
人　口：552万人
首　都：ヘルシンキ
主な言語：フィンランド語

1917年にロシアからの独立を達成したフィンランドは、19世紀に詩人のザカリアス・トペリウスが考案した雪を表す白地に湖を表す青十字を加えた旗を1918年に国旗として採用しました。その後1978年に国旗の青をより濃いものに変更しました。政府が使う国旗には、十字の交差部に国章が施されています。

フランス IOC IPC
フランス共和国

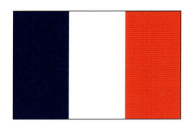

比率2：3

面　積：55万2000km²
人　口：6498万人
首　都：パリ
主な言語：フランス語

世界の多くの国旗に影響を与えてきた三色旗は1789年、フランス革命が勃発したときに初めて使われました。白はブルボン王朝の色、青と赤はパリ市の色でした。この3色は自由の象徴としてすでにオランダ、米国で使われていました。青は自由、白は平等、赤は博愛を表し、1830年以降国旗として使われています。

ブルガリア IOC IPC
ブルガリア共和国

比率3：5

面　積：11万1000km²
人　口：709万人
首　都：ソフィア
主な言語：ブルガリア語

1878年にオスマン帝国からブルガリア公国として独立した翌1879年、白、緑、赤の横三色旗が正式に国旗となりました。ブルガリアの独立を支援したロシアに敬意を表し、ロシア国旗の白、青、赤の青を緑に替えています。白は平和と自由、緑は農業とブルガリアの森林、赤は軍隊の勇気と闘争を表しています。

ベラルーシ IOC IPC
ベラルーシ共和国

比率1：2

面　積：20万8000km²
人　口：947万人
首　都：ミンスク
主な言語：ベラルーシ語、ロシア語

1991年にソ連から独立しました。国旗は赤と緑の横二色旗で赤は過去の戦い、緑は希望と森林を表しています。旗竿寄りに白地に赤で、伝統的な民族衣裳に使われる模様が描かれています。独立当時は白と赤の二色旗を使っていましたが、1995年にソ連時代のものによく似たこの国旗が登場しました。2012年に民族模様が修正されました。

ヨーロッパ

比率13:15

面　積：3万1000km²
人　口：1143万人
首　都：ブリュッセル
主な言語：フランス語、オランダ語、ドイツ語

ベルギー IOC IPC
ベルギー王国

黒、黄、赤の3色は黒い大地に、赤い舌を出した黄色いライオンを示す、ブラバント州の盾の色に由来しています。1830年に黒、黄、赤の花形帽章をシンボルにオランダからの独立運動が起こり、翌1831年にこの色に由来する縦三色旗が国旗に制定されました。黒は力、黄は充実、赤は勝利を表しています。

比率1:2

面　積：5万1000km²
人　口：351万人
首　都：サラエボ
主な言語：ボスニア語、クロアチア語、セルビア語

ボスニア・ヘルツェゴビナ IOC IPC
ボスニア・ヘルツェゴビナ

1992年のユーゴスラビアからの独立に際し国旗を制定しようとしましたが、国内のセルビア人とクロアチア人に拒絶されました。数年間の内戦の後に平和協定が結ばれ、1998年にこの国旗が制定されました。青と黄と星は欧州連合（EU）旗に由来しています。三角形は国土と主な3民族の融和と共存、黄は希望を表しています。

比率5:8

面　積：31万3000km²
人　口：3817万人
首　都：ワルシャワ
主な言語：ポーランド語

ポーランド IOC IPC
ポーランド共和国

1919年に白と赤の横二色旗が国旗として採用されました。1939年から1945年までのナチス・ドイツ占領下ではこの使用は禁じられていました。第2次世界大戦後は1989年まで社会主義政権下で別の国旗が用いられましたが、その崩壊にともない横二色旗があらためて国旗として復活しました。赤は血、白は喜びを表しています。

比率2:3

面　積：9万2000km²
人　口：1033万人
首　都：リスボン
主な言語：ポルトガル語

ポルトガル IOC IPC
ポルトガル共和国

緑は未来への希望、赤は勇気あるポルトガルの英雄の血を表しています。紋章中央の5枚の青い小さな盾はムーア人との戦いに勝利した記念で、その外側の7つの城は13世紀、アルフォンソ国王とスペインのベアトリス王女の結婚を祝い、国の発展を祈念して加えられました。盾の後ろの天球儀は航海術と海外航路の発見を表しています。

比率1:2

面　積：2万6000km²
人　口：208万人
首　都：スコピエ
主な言語：マケドニア語

マケドニア IOC IPC
マケドニア・旧ユーゴスラビア共和国

1992年にユーゴスラビアから独立しました。黄の光を描いた赤旗を国旗に制定しましたが、隣国ギリシャに「この図案はスラブでなくギリシャのシンボルだ」と強硬に抗議され1995年に新国旗を制定しました。中央に8本の光を放つ黄色い太陽を描いた赤旗で、赤は自由と進歩を求める戦い、黄は喜びを表しています。

比率2:3

面　積：300km²
人　口：43万人
首　都：バレッタ
主な言語：マルタ語、英語

マルタ IOC IPC
マルタ共和国

白、赤の旗は11世紀にサラセン人からマルタを解放したシチリア王国のルッジェーロ1世がつくったと言われています。旗竿側上部にある聖ジョージ勲章は、マルタがナチス・ドイツと戦った栄誉を称え、1942年に英国王ジョージ6世から贈られました。白は信仰心、赤は国民の純粋を表しています。

比率4:5

面　積：2.02km²
人　口：4万人
首　都：モナコ
主な言語：フランス語

モナコ IOC
モナコ公国

14世紀に考案された国章の盾の部分の赤と白が国旗に取り入れられました。数世紀にわたり中央に国章を入れた白旗を国旗として使ってきましたが、1881年に政府の建物に使用が限定され、国旗は赤と白の横二色旗になりました。もともとこの2色はグリマルディ家の紋章の色と言われています。

ヨーロッパ

比率 1:2

面　積：3万4000km²
人　口：405万人
首　都：キシナウ（キシニョフ）
主な言語：モルドバ語、ロシア語

モルドバ　IOC　IPC
モルドバ共和国

この国はかつてルーマニアの一部であったため、言語や文化を共にし、国旗も同じ青、黄、赤の縦三色旗です。青は過去と民主主義、黄は現在と伝統、赤は未来と平等を表しています。ルーマニアがかつて使っていた、ワラキアの鷲が黄色い十字架をくわえ、胸に盾を抱えた国章が中央に描かれています。

比率 1:2

面　積：1万4000km²
人　口：63万人
首　都：ポドゴリツァ
主な言語：モンテネグロ語、セルビア語

モンテネグロ　IOC　IPC
モンテネグロ

2006年6月にセルビアから分離独立しました。新国旗は19世紀の軍旗をモデルに作られた黄色い縁取りの付いた赤旗で、中央にビザンチン帝国に由来する王冠を被った双頭の鷲が描かれています。鷲は緑の大地を歩くライオンを描いた青い盾を胸に抱き、脚で十字架が付いた青い宝珠と黄色い笏をつかんでいます。

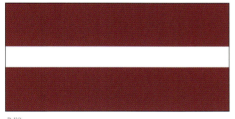

比率 1:2

面　積：6万5000km²
人　口：195万人
首　都：リガ
主な言語：ラトビア語

ラトビア　IOC　IPC
ラトビア共和国

1870年にラトビアの学生たちが、中央に白い横縞を入れた暗赤色のこの旗を考案しました。1918年にロシアからの独立を宣言したとき、国旗に制定されました。その後、ソ連に併合され旗は消滅しましたが、1991年にソ連から独立して、この国旗が復活しました。暗赤色は国を守る国民の血、白は誠実とバルト海を表しています。

比率 3:5

面　積：6万5000km²
人　口：289万人
首　都：ビリニュス
主な言語：リトアニア語

リトアニア　IOC　IPC
リトアニア共和国

1918年の独立時に黄、緑、赤の旗が考案され、1922年には正式に国旗に制定されました。1940年にソ連に編入され、旗はいったん消滅しましたが、1991年にソ連からの独立を果たす前の1989年に、再びこの横三色旗が国旗として復活しました。黄は太陽と繁栄、緑は希望と森林、赤は勇気と愛国心を表しています。

比率3：5

面　積：200km²
人　口：4万人
首　都：ファドゥーツ
主な言語：ドイツ語

リヒテンシュタイン IOC IPC
リヒテンシュタイン公国

青と赤の2色は18世紀、リヒテンシュタインのヨーゼフ・ウェンツェル公の従者が着用していた制服に由来します。20世紀初頭に初めて国旗として使われました。1936年のベルリン・オリンピック大会でハイチ国旗と混同されたことから、翌1937年に王冠が加えられました。青は空、赤は家庭の炉の火、黄の王冠は公国を表しています。

比率3：5

面　積：2600km²
人　口：58万人
首　都：ルクセンブルク
主な言語：ルクセンブルク語、ドイツ語、フランス語

ルクセンブルク IOC IPC
ルクセンブルク大公国

ルクセンブルクの国旗は、白と青の横縞を背景に、赤いライオンを描いた紋章に由来しています。1815年には赤、白、青の横三色旗が初めて使われました。1867年にルクセンブルクがオランダから独立したときも、この旗が国旗として認められました。色に特別な意味はなく、オランダ国旗より薄い青を使っています。

比率2：3

面　積：23万8000km²
人　口：1968万人
首　都：ブカレスト
主な言語：ルーマニア語

ルーマニア IOC IPC
ルーマニア

青、黄、赤の縦三色旗は1866年から使われています。王国時代、共産政権時代には黄の縞にそれぞれ政権を象徴する紋章が加えられましたが、1989年共産政権の崩壊にともない紋章のない縦三色旗があらためて国旗になりました。青はこの国の澄んだ空、黄は豊富な鉱物資源、赤は国民の勇気を表しています。

ヨーロッパ

比率2：3

面　積：1709万8000km²
人　口：1億4399万人
首　都：モスクワ
主な言語：ロシア語

ロシア　IOC　IPC
ロシア連邦

国旗の3色はピョートル大帝が近代国家の模範としたオランダ国旗に由来し、1699年に色順を白、青、赤に変えて国旗に制定しました。1917年にロシア革命が起こると、鎌とハンマーを描いた赤旗に国旗が替わりましたが、政変後の1993年に以前の国旗が復活しました。白は高貴、青は名誉、赤は勇気を表しています。

比率2：3

ヨーロッパ連合
European Union（EU）

1967年に6カ国で発足した欧州共同体（EC）は、1993年に政治的な統合を強めたヨーロッパ連合（EU）へと発展しました。ヨーロッパ連合旗の青は欧州の空を表しています。12個の五角星は「完璧さ」と「統一」を意味し、加盟国の数とは関係ありません。均等に配置された星が描く円は、欧州市民の団結と調和を表しています。

比率2：3

国際オリンピック委員会
International Olympic Committee（IOC）

五輪旗ともいわれます。近代オリンピックの創始者ピエール・クーベルタンにより1913年に考案され、1920年の第7回大会で初めて使用されました。中央に青、黄、黒、緑、赤の互いに結び合った5つの輪を描いた白旗で、白は平和を示し、五輪は友情と世界の五大大陸を表しています。どの色がどの大陸を指すかは特定されていません。

比率2：3

国際パラリンピック委員会
International Paralympic Committee（IPC）

障がい者スポーツの国際的な統括組織として1989年に創設されました。本部はドイツのボンに置かれ、定期的にパラリンピック大会を開催しています。パラリンピック旗は2004年アテネ・パラリンピック大会で制定され、赤、青、緑の3色は世界各国の国旗に最も多く使われている色として選ばれています。曲線は選手の身体の動きを象徴しています。

AFRICA アフリカ

比率2：3

面　積：238万2000km²
人　口：4132万人
首　都：アルジェ
主な言語：アラビア語、アマジグ語

アルジェリア　IOC　IPC
アルジェリア民主人民共和国

緑は繁栄、白は純粋、赤は独立闘争で流れた血を表しています。三日月と星もイスラムのシンボルですが、この三日月はほかのイスラム諸国の国旗のそれと比べて長く、古くから幸運の印と信じられてきたと言われています。この旗は1920年代から使われて、1954年に臨時政府旗となり、1962年に正式な国旗となりました。

比率2：3

面　積：124万7000km²
人　口：2978万人
首　都：ルアンダ
主な言語：ポルトガル語

アンゴラ　IOC　IPC
アンゴラ共和国

1975年の独立に際して最大政治勢力のアンゴラ解放人民運動の、中央に黄色い星を描いた赤と黒の横二色旗に、農民を示す鉈と工業労働者を示す歯車を加えて国旗にしました。赤はポルトガルとの独立闘争で流された血、黒はアンゴラが位置するアフリカ大陸、黄は国の富、五角星は国際連帯と進歩を表しています。

比率2：3

面　積：24万2000km²
人　口：4286万人
首　都：カンパラ
主な言語：英語、スワヒリ語

ウガンダ　IOC　IPC
ウガンダ共和国

1962年に新国旗のもと英国から独立しました。国旗には独立当時の最大政党であったウガンダ国民会議の党旗から黒、黄、赤が使われています。黒は国民、黄は太陽、赤は兄弟愛を表しています。中央の白い円の中には国鳥のカンムリヅルが描かれています。このカンムリヅルの絵柄は英国植民地時代の旗にも使われていました。

アフリカ

比率2：3

面　積：100万2000km²
人　口：9755万人
首　都：カイロ
主な言語：アラビア語

エジプト IOC IPC
エジプト・アラブ共和国

12世紀のイスラムの指導者サラディンを象徴する金色の鷲の紋章を中央に入れた赤、白、黒の横三色旗です。赤は王制時代、白は無血革命、黒は暗い過去を表しています。1952年に共和制となったとき、アラブ解放旗としてつくられました。その後何回か変更があり、今の国旗は1984年に制定されました。

比率2：3

面　積：1万7000km²
人　口：137万人
首　都：ムババーネ
主な言語：英語、スワジ語

エスワティニ IOC
エスワティニ王国

第2次世界大戦で英国軍に属して戦ったエスワティニ工兵連隊が現在の国旗に似た旗を使っていました。青は平和と安定、黄は鉱物資源、暗赤色は過去の戦いで流した血を表しています。中央にはエスワティニの伝統的な盾と槍、王家のシンボルである天人鳥の羽の付いた国王の杖が描かれています。この国旗は1967年に制定されました。

比率1：2

面　積：110万4000km²
人　口：1億496万人
首　都：アディスアベバ
主な言語：アムハラ語、英語

エチオピア IOC IPC
エチオピア連邦民主共和国

最初の国旗は1897年に緑、黄、赤の横三色旗でつくられました。アフリカ最古の独立国なので、これら3色は「汎アフリカ色」と呼ばれ、1960年代に誕生したアフリカ新興国の多くの国旗に取り入れられました。緑は労働、黄は希望、赤は自由を表します。中央の国章の星は団結、青い円は平和を表しています。

比率1：2

面　積：11万8000km²
人　口：507万人
首　都：アスマラ
主な言語：ティグリニャ語、アラビア語

エリトリア IOC
エリトリア国

1952年にエチオピアに併合され、この年に緑のオリーブの枝を描いた青い旗がつくられました。1993年に独立し新国旗が誕生します。その後1995年に国旗は一部修正されました。現在の国旗の緑は農業、青はこの国の周辺にある豊富な海洋資源、赤は独立闘争で流された血、黄は鉱物資源と独立を支援したオリーヴを象徴とした国際連合を表しています。

比率2：3

面　積：23万9000km²
人　口：2883万人
首　都：アクラ
主な言語：英語

ガーナ IOC IPC
ガーナ共和国

「汎アフリカ色」の横三色旗で赤は独立闘争で流された血、黄は鉱物資源、緑は森林を、中央の黒い五角星はアフリカの自由を表しています。1957年の英国からの独立にみちびいた会議人民党旗に由来しています。国旗の黄を白に替えた党旗が一時国旗として使われましたが、1966年に元の国旗が復活しました。

比率10：17

面　積：4000km²
人　口：55万人
首　都：プライア
主な言語：ポルトガル語

カーボヴェルデ IOC IPC
カーボヴェルデ共和国

10個の黄色い五角星は国を構成する10の島を示しています。青は大西洋と空、白は平和、赤は国民の努力を表しています。また、青と白は旧宗主国であるポルトガルの昔の国旗の、赤、白、青は米国旗の色であり、カーボヴェルデ共和国と両国との緊密な関係を表しています。1992年に制定されました。

比率3：4

面　積：26万8000km²
人　口：203万人
首　都：リーブルビル
主な言語：フランス語

ガボン　IOC　IPC
ガボン共和国

1960年にフランスから独立しました。ガボンの国旗のデザインと色はフランス領であった多くのアフリカの国のように縦三色旗ではなく、横三色旗です。この国に一生を捧げたアルベルト・シュワイツァーの著作『水と原生林のはざまで』に由来しています。緑は森林、黄は赤道、青は大西洋を表しています。

比率2：3

面　積：47万6000km²
人　口：2405万人
首　都：ヤウンデ
主な言語：フランス語、英語

カメルーン　IOC　IPC
カメルーン共和国

旧フランス領西アフリカの政党、アフリカ民主連合の党旗にちなんで1957年に緑、赤、黄の縦三色旗が制定されました。1960年、旧フランス領東部カメルーンが独立し、1961年に旧英領南部カメルーンを併合しました。緑は南部の豊かな森林、赤は独立と団結、黄は北部のサバンナ、五角星は国の統一を表しています。

比率2：3

面　積：1万1000km²
人　口：210万人
首　都：バンジュール
主な言語：英語、マンディンカ語

ガンビア　IOC　IPC
ガンビア共和国

15世紀から英国の植民地でしたが1965年に独立し、国旗はそのときに制定されました。赤は太陽とサバンナを示しています。青はガンビア川、緑は国の森林、２本の白い縞は統一と平和を表しており、国名は国土の中央を流れるガンビア川に由来しています。

比率2：3

面　積：24万6000km²
人　口：1272万人
首　都：コナクリ
主な言語：フランス語

ギニア　IOC　IPC
ギニア共和国

「汎アフリカ色」の３色はフランスからの独立運動を指導したギニア民主党の党旗に由来しています。赤は独立闘争で流した血、黄は太陽と鉱物資源、緑は農業と繁栄を表しています。独立の父であるセク・トーレ大統領は、当時のガーナのエンクルマ大統領とともに、将来２カ国を統合させる思いで国旗の色を合わせたと言われます。

ギニアビサウ IOC IPC
ギニアビサウ共和国

ポルトガルの数世紀にわたる支配からの独立運動を指導してきた、ギニア・カーボヴェルデ独立アフリカ人党旗に由来したデザインとなっています。1973年の独立日に「汎アフリカ色」を使った新しい国旗が制定されました。黄は太陽と鉱物資源、緑は農産物、赤は闘争で流した血、黒い五角星はアフリカ人の自由を表しています。

比率1:2

- 面積：3万6000km²
- 人口：186万人
- 首都：ビサウ
- 主な言語：ポルトガル語

ケニア IOC IPC
ケニア共和国

英国からの独立闘争を指導したケニア・アフリカ民族同盟の党旗をモデルにつくられた旗が、1963年に国旗に制定されました。黒は国民、赤は自由を求めた闘争、緑は自然の豊かさ、2本の白い縞は平和と統一を表しています。中央には自由を求めた闘争のシンボルとしてマサイ族の盾と槍が描かれています。

比率2:3

- 面積：59万2000km²
- 人口：4970万人
- 首都：ナイロビ
- 主な言語：スワヒリ語、英語

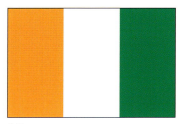

コートジボワール IOC IPC
コートジボワール共和国

国名はフランス語で「象牙海岸」を意味します。1960年の独立の前年に新しい縦三色旗を国旗として制定しました。オレンジ色は豊かな国土、白は正義ある平和、緑は将来への希望を表しています。これら3色はフランスからの独立にみちびいたコートジボワール民主党の党旗に由来しています。

比率2:3

- 面積：32万2000km²
- 人口：2430万人
- 首都：ヤムスクロ
- 主な言語：フランス語

アフリカ

比率3:5

面　積：2200km²
人　口：81万人
首　都：モロニ
主な言語：コモロ語、フランス語、アラビア語

コモロ　IOC　IPC
コモロ連合

2001年に国名を「コモロ・イスラム連邦共和国」から「コモロ連合」に変更した際、新国旗を制定しました。黄は太陽と進歩、白は自由と純粋、赤は独立闘争で流された血、青はインド洋を表しています。緑と三日月はイスラムを示しています。4個の白い五角星はフランス領マヨットを含む4島を表しています。

比率2:3

面　積：34万2000km²
人　口：526万人
首　都：ブラザビル
主な言語：フランス語、リンガラ語

コンゴ共和国　IOC　IPC
コンゴ共和国

「汎アフリカ色」で斜めに分割されたこの三色旗は1959年に制定されました。国旗の緑は森林と農業、黄は友情と国民の誇り、赤は独立闘争で流した血を表しています。1960年にフランスから独立した以降も国旗として使用され、1969年の政変により替えられましたが、1991年には復活しました。

比率3:4

面　積：234万5000km²
人　口：8134万人
首　都：キンシャサ
主な言語：フランス語、コンゴ語

コンゴ民主共和国　IOC　IPC
コンゴ民主共和国

1960年にベルギーから独立しましたが、内戦が続き1971年から1997年まではザイールと改称し、その後、現在の国名になりました。国旗の青は平和、赤は国のために流した血、黄は国の富、旗竿側上部にある黄色い五角星は光り輝くこの国の未来を表しています。この国旗は2006年に制定されました。

比率1:2

面　積：1000km²
人　口：20万人
首　都：サントメ
主な言語：ポルトガル語

サントメ・プリンシペ　IOC　IPC
サントメ・プリンシペ民主共和国

1975年にポルトガルから独立しました。独立闘争を指導したサントメ・プリンシペ解放運動の党旗をモデルに国旗がつくられました。「汎アフリカ色」を使い、赤は独立闘争で流された血、緑は農業、黄は主要産物であるココアを表しています。黒い2個の五角星はサントメ島とプリンシペ島を表しています。

比率2:3

面　積：75万3000km²
人　口：1709万人
首　都：ルサカ
主な言語：英語、ニャンジャ語、ベンバ語

ザンビア　IOC　IPC
ザンビア共和国

統一民族独立党の指導で英領北ローデシアが1964年にザンビアとして独立しました。図柄をすべて旗竿側と反対側に集めた珍しい国旗です。緑は農業と森林資源、赤は独立闘争、黒はアフリカ人、オレンジは主要鉱物資源の銅、鷲は自由と困難に打ち勝つ力を表します。1964年に制定され、10月24日の東京オリンピック閉会式で初めて掲揚されました。

比率2:3

面　積：7万2000km²
人　口：756万人
首　都：フリータウン
主な言語：英語、クリオ語、メンデ語

シエラレオネ　IOC　IPC
シエラレオネ共和国

1961年の英国からの独立日に新国旗が制定されました。緑、白、青の横三色旗で、緑は農業と山々、白は正義と国の統一、青は世界平和に貢献する願いと重要な商業港であるフリータウン港を表しています。国名は「ライオンの山」の意味で、山にとどろく海鳴りの音からポルトガル人が命名したものです。

比率2:3

面　積：2万3000km²
人　口：96万人
首　都：ジブチ
主な言語：フランス語、アラビア語

ジブチ　IOC　IPC
ジブチ共和国

1977年にフランスから独立しました。国旗の青はソマリ系イッサ人、緑はエチオピア系アファル人で、この国の2つの民族グループを表しています。また青は海と空、緑は大地、白は平和、赤は独立闘争、五角星は国家の統一、三角形は平等を表しています。独立を指導したソマリ海岸解放戦線の党旗がモデルです。

アフリカ

比率1:2

面　積：39万1000km²
人　口：1653万人
首　都：ハラレ
主な言語：英語、ショナ語

ジンバブエ IOC IPC
ジンバブエ共和国

1980年に英国から独立しました。国旗の4色は独立を指導したジンバブエ・アフリカ民族同盟の党旗の色で、白い三角形にはジンバブエ遺跡の神柱の紋章から取られた大ジンバブエ鳥が描かれています。緑は農業、黄は鉱物資源、赤は独立闘争、黒は黒人、白は平和と進歩、赤い五角星は希望を表しています。

比率1:2

面　積：188万km²
人　口：4053万人
首　都：ハルツーム
主な言語：アラビア語、英語

スーダン IOC IPC
スーダン共和国

1956年に英国・エジプトから独立しました。1969年に政変が起こり国旗は公募によるデザインに変更されました。エジプトのアラブ解放旗に由来し、「汎アラブ色」の4色から構成されます。緑は農業と繁栄、赤は闘争と犠牲者、白は平和、黒は国名である「黒い土地」を表しています。

比率2:3

面　積：2万8000km²
人　口：127万人
首　都：マラボ
主な言語：スペイン語、フランス語、ポルトガル語

赤道ギニア IOC
赤道ギニア共和国

この国旗は1968年のスペインからの独立日に制定され、緑は農業、白は平和、赤は独立戦争の犠牲者の血、青は5つの島と大陸部を結ぶ海を表しています。中央にある国章にはパンヤの木の描かれた銀色の盾、国を構成する5島と大陸部リオムニ州を象徴する6個の金の星、底部には「統一、平和、正義」の標語が入っています。

比率1:2

面　積：500km²
人　口：10万人
首　都：ヴィクトリア
主な言語：英語、フランス語、クレオール語

セーシェル IOC IPC
セーシェル共和国

1976年に英国から独立しました。セーシェル人民連合党旗をモデルとした国旗を使っていましたが、1996年に新憲法ができて、国旗は支配政党の影響を受けないデザインに変更されました。新国旗はユニークなデザインで、青は海と空、黄は太陽、赤は国民と労働、白は正義と調和、緑は国土を表しています。

セネガル IOC IPC
セネガル共和国

1960年6月に旧フランス領スーダンと結成したマリ連邦としてフランスから独立しましたが、同年8月にはセネガルとして分離しました。マリ連邦国旗は中央に黒人像を配した緑、黄、赤の縦三色旗でしたが、この黒人像を緑の五角星に替えた旗を国旗としました。緑は希望、黄は天然資源、赤は独立闘争の流血を表しています。

比率2：3

面　積：19万7000km²
人　口：1585万人
首　都：ダカール
主な言語：フランス語、ウォロフ語

ソマリア IOC IPC
ソマリア連邦共和国

イタリア領だったソマリアでは、独立に備えて国連旗に由来する薄青色の地に白星の旗が1954年に考案されました。白い五角星はソマリ人が住む5つの地域を表しています。1960年に旧イタリア領ソマリアが独立し、4日早く独立した旧英領ソマリランドとともに同じ国旗の下、統合されてひとつの国になりました。

比率2：3

面　積：63万8000km²
人　口：1474万人
首　都：モガディシュ
主な言語：ソマリ語、アラビア語、英語、イタリア語

タンザニア IOC IPC
タンザニア連合共和国

1961年に英国から独立したタンガニーカと、1963年に同じく英国から独立したザンジバルが、1964年に統合してタンザニアとなりました。両国とも政党旗の色が国旗に使われていましたが、相方を組み合わせて新国旗がつくられました。緑は国土、黒は国民、青はインド洋、黄は鉱物資源を表しています。

比率2：3

面　積：94万7000km²
人　口：5731万人
首　都：ドドマ
主な言語：スワヒリ語、英語

アフリカ

比率2：3

面　積：128万4000km²
人　口：1490万人
首　都：ンジャメナ
主な言語：フランス語、アラビア語

チャド IOC
チャド共和国

長い間フランスの植民地であった西アフリカ地域は1950年代に自治権が認められ、チャドを含む旧フランス植民地の多くが歴史的な背景を持たずに国旗を定めることになりました。この地域に縦三色旗が多いのはフランス国旗の影響と考えられます。青は空と希望、黄は太陽と砂漠、赤は進歩統一を表しています。

比率2：3

面　積：62万3000km²
人　口：466万人
首　都：バンギ
主な言語：サンゴ語、フランス語

中央アフリカ IOC IPC
中央アフリカ共和国

1958年に中央アフリカ共和国と改称したフランス領ウバンギ・シャリが1960年に独立しました。使われている5色はフランス国旗の色と「汎アフリカ色」で、五角星は活力ある未来への願望を表しています。青は自由、白は平和、緑は希望、黄が忍耐、赤が独立闘争で流した血を表しています。

比率2：3

面　積：16万4000km²
人　口：1153万人
首　都：チュニス
主な言語：アラビア語、フランス語

チュニジア IOC IPC
チュニジア共和国

北アフリカ・イスラム諸国が海上で使用してきた無地の赤旗に1831年、この国の伝統的な模様である白い円、赤い五角星と三日月が加えられました。白い円は太陽、三日月と星はイスラムを表しています。また三日月は古代カルタゴ王国を建設したフェニキア人の女神、タニスのシンボルでもあります。

比率3：5

面　積：5万7000km²
人　口：780万人
首　都：ロメ
主な言語：フランス語

トーゴ IOC IPC
トーゴ共和国

第1次世界大戦後、ドイツ領だったトーゴはフランス領と英国領に分割されましたが1960年に独立しました。旗竿側上部に白い五角星を配した緑と黄の横5本縞の国旗です。緑は希望と農業、黄は団結と鉱物資源、白は平和、赤は独立闘争で流した血、五角星は自由と生命、5本の縞はトーゴを構成する5地区を表しています。

43

ナイジェリア IOC IPC
ナイジェリア連邦共和国

1960年に英国から独立しました。国旗デザイン・コンテストで選ばれた学生の作品から中央の太陽を除いた緑、白、緑の縦三分割旗です。作者は飛行機から見た森と広大な平野を緑と白で表したのです。また緑は農業、白は平和と国の統一を意味しています。1960年に国旗に制定されました。

比率1:2

面　積：92万4000km²
人　口：1億9089万人
首　都：アブジャ
主な言語：英語、ヨルバ語、ハウサ語

ナミビア IOC IPC
ナミビア共和国

1990年に南アフリカ共和国から独立しました。国旗のデザイン・コンテストで優勝した旗が採用されました。独立闘争を指導してきた南西アフリカ人民機構の党旗の色を使った旗です。青は大西洋と重要な水、白は統一と平和、赤は平等な社会を作る決意、緑は農業、黄色の太陽は生命と活力を表しています。

比率2:3

面　積：82万4000km²
人　口：253万人
首　都：ウィントフック
主な言語：英語、アフリカーンス語

ニジェール IOC IPC
ニジェール共和国

1960年にフランスから独立しました。ニジェール川に沿う南部は肥沃な土地で、北東部には砂漠地帯が続きます。国旗の緑が前者、オレンジ色が後者を表しています。中央のオレンジ色の円は太陽、白は純粋を、オレンジ色の帯は独立、白は平和とニジェール川、緑は発展を表しています。

比率6:7

面　積：126万7000km²
人　口：2148万人
首　都：ニアメ
主な言語：フランス語、ハウサ語

アフリカ

ブルキナファソ IOC IPC
ブルキナファソ

比率2：3

面　積：27万3000km²
人　口：1919万人
首　都：ワガドゥグー
主な言語：フランス語

1960年にフランスから独立しました。独立当時は黒、白、赤の横三色国旗を使っていましたが、1984年に、モシ語で「清廉な国」を意味するブルキナファソにオート・ボルタから国名を変更したとき、併せて国旗も「汎アフリカ色」を使ったものに変更しました。赤は革命闘争、緑は農業と天然資源、黄は国の富、星は自由と革命を表しています。

ブルンジ IOC IPC
ブルンジ共和国

比率3：5

面　積：2万8000km²
人　口：1086万人
首　都：ブジュンブラ
主な言語：ルンディ語、フランス語

国旗の原型は1962年の独立以前に決められました。中心円の白は平和、赤はベルギーからの独立闘争、緑は将来発展への国民の希望を表しています。緑で縁どられた赤い3個の六角星は1966年、王国から共和国に変わったときに加えられ、国の標語である「統一、労働、進歩」を表しています。

ベナン IOC IPC
ベナン共和国

比率2：3

面　積：11万5000km²
人　口：1118万人
首　都：ポルトノボ
主な言語：フランス語

1960年にフランスからダホメー共和国として独立しました。「汎アフリカ色」を使った国旗が使われましたが、1975年に国名をベナンに改称し、同時に国旗も変更になりました。1990年に社会主義政権が崩壊したことにより国旗は元に戻されました。緑は再生への希望、黄は国の富、赤は祖先の勇気を表しています。

ボツワナ IOC IPC
ボツワナ共和国

比率2：3

面　積：58万2000km²
人　口：229万人
首　都：ハボローネ
主な言語：ツワナ語、英語

この国はたいへん乾燥しているために水を重要視しています。国旗の青は生命の源である水と雨を表しています。黒と白の縞は国旗制定当時、隣国の南アフリカ共和国が黒人を差別する「アパルトヘイト政策」をまだ取っていたため、黒人と白人の調和を表しています。この国旗は1966年の英国からの独立日に制定されました。

比率2：3

面　積：58万7000km²
人　口：2557万人
首　都：アンタナナリボ
主な言語：フランス語、マダガスカル語

マダガスカル　IOC　IPC
マダガスカル共和国

1960年にフランスから独立しました。過去に存在した王国の多くはマレー・ポリネシア系で白と赤の旗を使っていました。フランス領となってこの旗は消滅しましたが、1958年に自治国となったとき、この伝統の白、赤2色に緑を加えた旗が制定されました。白は純粋、赤は主権、緑は希望を表しています。

比率2：3

面　積：11万8000km²
人　口：1862万人
首　都：リロングウェ
主な言語：英語、チェワ語

マラウイ　IOC　IPC
マラウイ共和国

1964年に英国から独立しました。黒、赤、緑は独立闘争を指導したマラウイ会議党が使った色です。黒はアフリカ人、赤は独立に命を捧げた人々の血、緑は豊かな自然、赤い太陽は朝日で全アフリカの自由を表しています。2010年7月ムタリカ大統領により太陽全体を描いた新国旗を採用しましたが、同大統領の急死により2012年5月、旧旗が復活しました。

比率2：3

面　積：124万km²
人　口：1854万人
首　都：バマコ
主な言語：フランス語、バンバラ語

マリ　IOC　IPC
マリ共和国

1959年に旧フランス領スーダンはセネガルとマリ連邦を結成して1960年6月に独立しましたが、同年8月に連邦を解消、マリは9月に単独で独立宣言し国旗を制定しました。マリ連邦国旗の中央にあった黒人像は偶像崇拝を禁じているムスリムの反対もあって国旗から除かれました。緑は肥沃な土地、黄は鉱物資源、赤は独立闘争で流した血を表しています。

アフリカ

比率2:3

面　積：122万1000km²
人　口：5672万人
首　都：プレトリア
主な言語：英語、ズールー語、アフリカーンス語

南アフリカ　IOC　IPC
南アフリカ共和国

1994年に「アパルトヘイト政策」を取ってきた政権が崩壊して、新たな政権と新しい国旗が誕生しました。赤、白、青、黒、黄、緑と6色を使った多色国旗で、これらは過去に南アフリカの旗に使われたものです。それぞれの色の固有の意味は規定されていません。横Y字は多様な南アフリカ社会の統一と国家の前進を表しています。

比率1:2

面　積：64万km²
人　口：1258万人
首　都：ジュバ
主な言語：英語、アラビア語

南スーダン　IOC
南スーダン共和国

2011年にアフリカのイスラム教徒の多いスーダンからキリスト教徒の多い南部地方が分離して新しく誕生した国です。国旗の黒は国民、白は長い期間の独立闘争で勝ち取った自由、赤は自由のために流された血、緑は国土、青は国を流れるナイル川、黄は国家と国民を導く空に輝く星を表しています。

比率2:3

面　積：79万9000km²
人　口：2520万人
首　都：マプト
主な言語：ポルトガル語

モザンビーク　IOC　IPC
モザンビーク共和国

1975年にポルトガルから独立しました。国旗は主要政党であるモザンビーク解放戦線の党旗をモデルとしています。鍬は農民、本は教育、ライフル銃は国土防衛を表しています。緑は国土の豊かさ、白は正義と平和、黒はアフリカ大陸、黄は鉱物資源、赤は独立闘争で流された血、黄色い五角星は国際連帯を表しています。

比率2:3

面　積：2000km²
人　口：127万人
首　都：ポートルイス
主な言語：英語、クレオール語

モーリシャス　IOC　IPC
モーリシャス共和国

1968年に英国から独立し、国旗はそのときに制定されました。国旗の赤は独立闘争、青はインド洋、黄は独立により勝ち取った自由の光、緑は亜熱帯気候と農業を表しています。これら4色は移民船、ヤシの木、鍵と星などを描いた、英国植民地時代から使われてきた国章から取り入れられています。

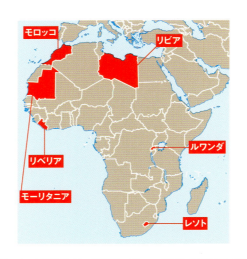

比率2：3

面　積：103万1000km²
人　口：442万人
首　都：ヌアクショット
主な言語：アラビア語、フランス語

モーリタニア IOC
モーリタニア・イスラム共和国

モーリタニアは1960年にフランスから独立しました。南部のアフリカ黒人よりも北部のムスリムに支配されてきたため、1959年に制定された国旗もイスラム色が濃く出ています。中央に黄色い三日月と五角星を描いた緑の旗です。緑は明るい未来への希望、黄はサハラ砂漠を示しています。赤い横帯はフランスからの独立闘争で流した血を表しています。

比率2：3

面　積：44万7000km²
人　口：3574万人
首　都：ラバト
主な言語：アラビア語、アマジグ語

モロッコ IOC IPC
モロッコ王国

19世紀からモロッコでは無地の赤旗が使われてきましたが、北アフリカで同じ旗を使う国と区別するため1915年に、中央に古くから幸運の印として建物、衣服などに使われてきた緑で星形の「ソロモンの印章」を加えた国旗を制定しました。緑はイスラム、赤はモロッコのアラウィット王朝を表しています。

比率1：2

面　積：167万6000km²
人　口：638万人
首　都：トリポリ
主な言語：アラビア語、アマジグ語

リビア IOC IPC
リビア

2011年の政変により、世界にひとつしかなかった無地単色の緑の国旗が廃止されました。かわりに1951年から1969年の王政時代の国旗が復活しました。横三色旗で赤はフェザン地方、黒はキレナイカ地方、緑はトリポリタニア地方を表しています。中央の白い三日月と五角星はイスラムを示しています。

アフリカ

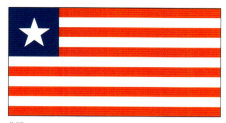

比率10:19

面　積：11万1000km²
人　口：473万人
首　都：モンロビア
主な言語：英語

リベリア IOC IPC
リベリア共和国

19世紀初頭、米国で黒人奴隷を故郷アフリカに帰す運動が盛んとなり、1847年にリベリアが独立しました。国旗には独立を表す白い五角星が入れられました。赤、白の11本の縞は独立宣言に署名した11人を示しています。国旗の赤は勇気と忍耐、白は純粋、青は自由と正義を表しています。

比率2:3

面　積：2万6000km²
人　口：1221万人
首　都：キガリ
主な言語：フランス語、英語、キンヤルワンダ語

ルワンダ IOC IPC
ルワンダ共和国

2001年に新しい国旗が制定されました。1994年のフツ族によるツチ族の大量殺戮を思い起こさせる赤を使った、それまでの国旗から替えられました。青は幸福と平和、黄は労働による経済成長、緑は繁栄への希望、右側上部にある24本の光線を発する太陽は国の統一、透明性と忍耐を示すとともに国民を啓蒙する光を表しています。

比率2:3

面　積：3万km²
人　口：223万人
首　都：マセル
主な言語：英語、ソト語

レソト IOC IPC
レソト王国

1966年に英国から独立しました。1986年の陸軍によるクーデター後、国土防衛を示す盾、槍、投げ棒、ダチョウの羽を描いた国旗が使われましたが、2006年、レソトのシンボルであるレソト帽を中心に置いた三色旗に変更されました。青は雨、白は平和、緑は繁栄、黒は黒人国家を表しています。

比率2:3

国際連合
United Nations（UN）

1945年に51カ国で発足した国際連合は、その後、徐々に加盟国を増やし、2018年9月現在で193カ国を数えます。国際連合旗は1947年10月20日の第2回国連総会で制定されました。北極点から見た世界地図と、それを包みこむオリーヴの枝を白く描いたライト・ブルーの旗で、国際連合が目指す世界平和の推進を表しています。

NORTH AMERICA 北アメリカ

比率10:19

面　積：983万4000km²
人　口：3億2446万人
首　都：ワシントンD.C.
主な言語：英語

アメリカ合衆国　IOC　IPC
アメリカ合衆国（米国）

この国旗は「星条旗」と呼ばれています。星は現在の州の数、縞は建国時の13州を表しています。1960年7月4日、ハワイが州に昇格して、27回目の国旗変更で、星は現在の50個になりました。青は正義、赤は勇気、白は純粋さを表しています。

比率2:3

面　積：400km²
人　口：10万人
首　都：セントジョンズ
主な言語：英語

アンティグア・バーブーダ　IOC　IPC
アンティグア・バーブーダ

この国が自治権を持った1967年に、国旗デザイン・コンテストで優勝した作品が新国旗として採用されました。黒は国民、青はカリブ海、白は砂浜、黄色の太陽は新時代の夜明けを表しています。赤は国民の活力、赤地が作るVの字は勝利を意味しています。1981年の独立後も国旗として使われています。

比率3:5

面　積：2万1000km²
人　口：638万人
首　都：サンサルバドル
主な言語：スペイン語

エルサルバドル　IOC　IPC
エルサルバドル共和国

国旗の青はカリブ海と太平洋、白は平和と繁栄を表しています。中央に旧中央アメリカ連邦の5カ国を示す5つの火山、自由のシンボルである赤い帽子、光の中に1821年9月15日のスペインからの独立日、国旗とその下にスペイン語で「神、統一、自由」の標語リボン、14州を示す月桂樹のリースなどが配置された国章が入っています。

北アメリカ

比率1:2

面　積：998万5000km²
人　口：3662万人
首　都：オタワ
主な言語：英語、フランス語

カナダ　IOC　IPC
カナダ

フランス系住民の強い意見を入れて英国旗が入った国旗を廃止、現在の国旗を1965年に制定しました。両側の赤い縦帯は大西洋と太平洋でこの国の位置を示し、中央のカエデの葉はこの国のシンボルです。赤は第1次世界大戦で犠牲になったカナダ人の血、白はカナダに降り積もる雪を表しています。

比率1:2

面　積：11万km²
人　口：1149万人
首　都：ハバナ
主な言語：スペイン語

キューバ　IOC　IPC
キューバ共和国

1850年に考案されたこの国旗は米国旗がモデルになっています。青い3本の横縞はスペイン統治下のキューバにあった3つの軍管理地区を、白は独立運動家の理想、赤は独立闘争で流した血、三角形は平等、自由、友愛、星は自由を表します。

比率5:8

面　積：10万9000km²
人　口：1691万人
首　都：グアテマラシティ
主な言語：スペイン語

グアテマラ　IOC　IPC
グアテマラ共和国

国旗の青と白は旧中央アメリカ連邦旗の色で、太平洋とカリブ海に挟まれた国の位置を示しています。青は太平洋とカリブ海、白は平和と純粋さを表しています。中央の国章には自由のシンボルである国鳥のケッツァール、独立宣言書、勝利を示す月桂樹のリース、国の防衛を示すライフル銃、サーベルが描かれています。

51

グレナダ IOC IPC
グレナダ

比率3:5

面　積：300km²
人　口：11万人
首　都：セントジョージズ
主な言語：英語

1974年に英国から独立しました。国旗にはグレナダの7地区を表す7個の黄色い五角星と、勇気と活力を示す赤い縁取りがあります。黄は知恵と国民の友情、緑はこの国の主要産業である農業、旗竿寄りのナツメグの実は特産品で、かつてグレナダが「スパイス諸島」と呼ばれていたことを表しています。

コスタリカ IOC IPC
コスタリカ共和国

比率3:5

面　積：5万1000km²
人　口：491万人
首　都：サンホセ
主な言語：スペイン語

国旗の青は空と理想、白は平和と知恵、赤は自由のために流された血を表しています。旗竿寄りに配された国章には上部に国名リボンがあり、盾の中はカリブ海と太平洋の間にある3つの火山、太陽、帆船などが描かれています。7個の白い五角星は、この国を構成する州の数を表しています。

ジャマイカ IOC IPC
ジャマイカ

比率1:2

面　積：1万1000km²
人　口：289万人
首　都：キングストン
主な言語：英語

国旗は「いかなる困難があろうとも島には緑と太陽がある」ということを表しています。緑は希望と国の主要産業である農業、黄は太陽と鉱物資源、黒は国民の大多数を占める黒人と将来の苦難に打ち勝つ国民の意志を象徴しています。この国旗は1962年に制定されました。

北アメリカ

比率2:3

面　積：300km²
人　口：6万人
首　都：バセテール
主な言語：英語

セントクリストファー・ネーヴィス　IOC
セントクリストファー・ネーヴィス

1983年に英国から独立しました。中央斜めの黒い帯はアフリカからの伝統、その両側にある黄色い斜線は太陽、緑は肥沃な国土、赤は独立闘争で流れた血を表しています。2個の白い五角星はセントキッツ島とネーヴィス島を示し、自由と希望のシンボルです。この国旗は1983年に制定されました。

比率2:3

面　積：400km²
人　口：11万人
首　都：キングスタウン
主な言語：英語

セントビンセント及びグレナディーン諸島　IOC　IPC
セントビンセント及びグレナディーン諸島

1979年に英国から独立しました。国旗の縦帯の青は空とカリブ海、黄は美しい陽光と明るい国民性、緑は農産物と国民の活力を表しています。緑の3個の菱形は国名（ビンセント）の頭文字Vをかたどり、またこの国が「アンティル諸島の宝石」と呼ばれていることを表しています。この国旗は1985年に制定されました。

比率1:2

面　積：500km²
人　口：18万人
首　都：カストリーズ
主な言語：英語

セントルシア　IOC
セントルシア

国旗は中央に三角形を描いた青旗です。中央の2つの三角形は海から突き出た2つのピトン火山を表しています。これは希望のシンボルです。青は大西洋とカリブ海、黄はこの国にさんさんと輝く太陽、黒と白は国内の黒人と白人の調和を表しています。この国旗は1979年に制定されました。

比率2:3

面　積：4万9000km²
人　口：1077万人
首　都：サントドミンゴ
主な言語：スペイン語

ドミニカ共和国　IOC　IPC
ドミニカ共和国

国旗の赤は独立闘争で流された血、青は自由、白は平和と尊厳を表しています。十字の中央には国章が置かれています。国章には盾、両脇に月桂樹とヤシの枝、上部にスペイン語で「神、祖国、自由」の標語リボン、底部に国名リボン、盾には開かれた聖書、金の十字架、6本の国旗などが描かれています。

53

ドミニカ国 IOC
ドミニカ国

緑は森林、赤は社会主義、円内の10個の五角星は国を構成する10地区、中央は国鳥のミカドボウシインコで、飛躍と大志の実現を表しています。黄、黒、白の十字は国民にカトリック教徒が多いことと、この国がカリブ・インディオ、黒人、白人で構成されていることを表しています。

比率1:2

面　積：800km²
人　口：7万人
首　都：ロゾー
主な言語：英語

トリニダード・トバゴ IOC IPC
トリニダード・トバゴ共和国

1962年に英国から独立しました。国旗の中央斜めの黒帯は統一への努力と天然資源、その両側の白帯は海と平等、赤は寛容さと太陽を表しています。黒は国の統一への国民の献身的な努力、白はトリニダードとトバゴ両島の協力、赤は国民の活力を示すとも言われています。この国旗は1962年に制定されました。

比率3:5

面　積：5100km²
人　口：137万人
首　都：ポートオブスペイン
主な言語：英語

ニカラグア IOC IPC
ニカラグア共和国

国旗の青は太平洋とカリブ海、白は2つの海に挟まれた国土を表しています。中央には国章が置かれています。国章には平等、真実、正義を示す三角形、旧中央アメリカ連邦加盟国を示す5つの火山、自由のシンボルである赤い帽子、明るい未来を示す太陽光線と虹などが描かれています。1971年に制定されました。

比率3:5

面　積：13万km²
人　口：622万人
首　都：マナグア
主な言語：スペイン語

北アメリカ

比率3：5

面　積：2万8000km²
人　口：1098万人
首　都：ポルトープランス
主な言語：フランス語、ハイチ語

ハイチ　IOC　IPC
ハイチ共和国

1804年に世界初の黒人共和国としてフランスから独立しました。国旗の青は黒人、赤は白人と黒人の混血であるムラートを表しています。中央に配された国章にはヤシの木、自由の赤い帽子、国旗、大砲、剣付き銃、錨、斧、太鼓、砲丸などの戦闘用具と、底部に「団結は力」という標語リボンが描かれています。

比率2：3

面　積：7万5000km²
人　口：410万人
首　都：パナマシティ
主な言語：スペイン語

パナマ　IOC　IPC
パナマ共和国

1903年、米国の支援を受けてスペインから独立しました。国旗の青と赤は国の2大政党である保守党と自由党を表しています。白は両党の協力と平和を、青い星は市民の徳、赤い星は市民を守る権威と法律を示しています。旗が整然と4等分されているのは、両党が協力しながら国を指導することを表しています。

比率1：2

面　積：1万4000km²
人　口：40万人
首　都：ナッソー
主な言語：英語

バハマ　IOC
バハマ国

1973年に英国から独立しました。国旗の青は国を囲んでいる美しい海を、黄は砂浜と太陽、黒は国民の活力を表しています。三角形は豊かな天然資源の開発に向けた国民の強い決意を示しています。国旗デザイン・コンテストで選ばれた優秀作を内閣が一部修正して国旗をつくりました。

比率2：3

面　積：400km²
人　口：29万人
首　都：ブリッジタウン
主な言語：英語

バルバドス　IOC　IPC
バルバドス

国旗の青はカリブ海と大空、黄は砂浜を表しています。黒い三叉の鉾は海神ネプチューンのシンボルで、国民の生活が海と密接な関係にあることを示すとともに、国の三原則「国民による、国民とともに、国民のために」を表しています。また鉾の柄を描かないことで植民地への決別を表しています。

比率2:3

面　積：2万3000km²
人　口：38万人
首　都：ベルモパン
主な言語：英語、スペイン語

ベリーズ　IOC
ベリーズ

1981年に英国から独立しました。国旗の青は隣国との友情、赤は国土と独立を死守する決意を表しています。中央に国章と月桂樹の葉が配されています。国の経済を支える林業を示す国章には帆船、鋸、斧、ハンマー、大きな木、両脇に櫂と斧を持った先住民、底部に「木陰で働く」という標語リボンが入っています。

比率1:2

面　積：11万2000km²
人　口：927万人
首　都：テグシガルパ
主な言語：スペイン語

ホンジュラス　IOC　IPC
ホンジュラス共和国

中央に5個の青い五角星を並べた青、白、青の横三分割旗です。青はカリブ海と太平洋、白は平和と繁栄を表しています。この国旗は旧中央アメリカ連邦の横三分割国旗をモデルに、1866年につくられました。5個の星は連邦加盟国であった自国とグアテマラ、ニカラグア、コスタリカ、エルサルバドルを示しています。

比率4:7

面　積：196万4000km²
人　口：1億2916万人
首　都：メキシコシティ
主な言語：スペイン語

メキシコ　IOC　IPC
メキシコ合衆国

1821年にスペインから独立しました。国旗の緑は国民の希望、白は統一と純粋さ、赤は愛国者の血を表しています。中央に置かれた国章には、湖の中の岩山に生えたサボテンにとまる蛇をくわえた鷲が描かれています。この鷲は古代アステカのシンボルで、首都建設の伝説を示しています。その下の月桂樹は勝利を意味しています。

国旗に使われる動物ランキング（動物の種類別）

　　　　　　　　　　　　　　　　　国数
① ワシ ……………………… 8カ国
　アルバニア、エジプトなど
② ライオン ………………… 5カ国
　スリランカ、パラグアイなど
③ ウシ ……………………… 2カ国
　アンドラ、モルドバ
③ コンドル ………………… 2カ国
　エクアドル、ボリビア

国旗に登場する動物で最も多いのは鳥類の王者といわれるワシです。大空を羽ばたくところから自由を表すことが多いです。百獣の王ライオンはとくに英国などの王国で好まれ、力強さや国家主権を表します。ウシは安定や民主主義を表すシンボルとして、コンドルは南米大陸を代表する鳥として使われます。

アルバニア（ワシ）

スリランカ（ライオン）

国旗に使われる植物ランキング（植物の種類別）

　　　　　　　　　　　　　　　　　国数
① 月桂樹 …………………… 9カ国
　グアテマラ、ベネズエラなど
② オリーヴ ………………… 6カ国
　キプロス、エリトリアなど
② ヤシ ……………………… 6カ国
　ハイチ、ペルーなど
④ カシ ……………………… 3カ国
　サンマリノ、メキシコなど

国旗に使われる植物では月桂樹が最も多く、勝利や栄光を表します。平和、知恵を表すオリーヴは、月桂樹と組み合わせた輪の形で使われることが多いです。ヤシには独立や勇気の意味が込められ、カシは知恵や力を表すシンボルとして登場します。

キプロス（オリーヴ）

カナダ（カエデ）

国旗に使われる星の数ランキング（国別）

　　　　　　　　　　　　　　　　　星の数
① アメリカ合衆国 ………… 50
② ブラジル ………………… 27
③ クック諸島 ……………… 15
④ ウズベキスタン ………… 12
⑤ カーボヴェルデ ………… 10
⑤ ドミニカ国 ……………… 10
⑤ ボリビア ………………… 10

米国旗の50個の星は州の数を表します。独立当初は13州だったので星も13個でしたが、徐々に州が増え、27回国旗のデザインを変更し現在の50個になりました。ブラジルなど他の国旗の星の数も、同じように国を構成する州、県、島の数を表しています。星そのものは自由や独立を象徴する場合が多いです。

アメリカ（50個）

ブラジル（27個）

国旗に使われる色の数ランキング（大陸別の平均値）

　　　　　　　　　　　　1カ国の平均色数
① アフリカ ………………… 3.61
② 南アメリカ ……………… 3.25
③ オセアニア ……………… 3.19
④ 北アメリカ ……………… 3.00
⑤ アジア …………………… 2.87
⑥ ヨーロッパ ……………… 2.56
全世界平均 ………………… 3.07

国旗に使われる色の数が最も多い地域はアフリカで、逆に最も少ないのがヨーロッパです。国の成り立ちが早かったため、縦縞や横縞が少なく単純な国旗が多数あります。一方でヨーロッパ諸国の植民地であったり、後から独立した国は、同じデザインを避けるため色の数が増え、デザインも複雑になりました。

南アフリカ（6色）

ポーランド（2色）

SOUTH AMERICA 南アメリカ

比率9：14

面　積：278万km²
人　口：4427万人
首　都：ブエノスアイレス
主な言語：スペイン語

アルゼンチン　IOC　IPC
アルゼンチン共和国

青、白、青の横三分割旗で中央に黄色い太陽が置かれています。青は大空と国土、白はアルゼンチンを流れるラプラタ川と純粋な国民気質を表しています。顔が描かれた太陽は、スペインからの独立運動が起こった1810年5月25日、ブエノスアイレスの空に昇ったもので「5月の太陽」と呼ばれています。

比率2：3

面　積：17万4000km²
人　口：346万人
首　都：モンテビデオ
主な言語：スペイン語

ウルグアイ　IOC　IPC
ウルグアイ東方共和国

1828年にブラジルから独立しました。国旗の青は自由、白は平和を表しています。9本の縞は独立運動に参加した9州の、旗竿側上部に描かれた太陽は独立のシンボルです。この国旗はウルグアイの独立を支援してともにブラジルと戦ったアルゼンチンの国旗にも似ています。1830年、国旗に制定されました。

比率2：3

面　積：25万7000km²
人　口：1663万人
首　都：キト
主な言語：スペイン語

エクアドル　IOC　IPC
エクアドル共和国

1822年にスペインから独立しました。国旗の黄は国土の豊かさ、青は空と海、赤は独立闘争で流された血を表しています。中央の国章には、蒸気船が浮かぶ海、岸辺、チンボラソ火山、自由のシンボル太陽、アンデス・コンドル、国旗、共和制の象徴である束ねた棒の中央に斧を入れた束桿斧などが描かれています。

58

南アメリカ

ガイアナ IOC IPC
ガイアナ共和国

比率3：5

面　積：21万5000km²
人　口：78万人
首　都：ジョージタウン
主な言語：英語

「汎アフリカ色」と矢をイメージしたデザインで「ゴールデン・アロー旗」と呼ばれています。緑は森林と農業、白はガイアナの多くの川と水資源、黒は国民の忍耐力、赤は国家建設への熱意、金の矢は国の輝かしい未来と鉱物資源を表しています。米国の旗章学者ホイットニー・スミス博士の提案を参考にしてつくられました。

コロンビア IOC IPC
コロンビア共和国

比率2：3

面　積：114万2000km²
人　口：4907万人
首　都：ボゴタ
主な言語：スペイン語

独立闘争の英雄フランシスコ・デ・ミランダ将軍が黄、青、赤の横三色旗を考案しました。黄は新大陸の金、青は太平洋とカリブ海、赤は独立戦争で流した血を表しています。1819年から1830年までグラン・コロンビア連邦を結成していたエクアドルとベネズエラの国旗も同じ3色を使っています。

スリナム IOC IPC
スリナム共和国

比率2：3

面　積：16万4000km²
人　口：56万人
首　都：パラマリボ
主な言語：オランダ語、英語

1975年にオランダから独立しました。国旗の緑は豊かな国土、白は自由と正義、赤は新国家の進取の精神を表しています。黄色い五角星は国民の犠牲にもとづく国の統一と輝ける未来を示し、5つの光は国を構成する白人、黒人、クレオール人、中国人、インディオを表しています。

チリ IOC IPC
チリ共和国

比率2:3

面　積：75万6000km²
人　口：1806万人
首　都：サンティアゴ
主な言語：スペイン語

19世紀初めにスペインからの独立派が身につけていた徽章の赤、白、青を使い、米国旗をモデルにして1817年にこの国旗が制定されました。赤は独立のために流された血、白はアンデス山脈に残る雪、青は大空を表しています。白い五角星は国の進歩と名誉を示し、5つの光は独立当初の5州を意味しています。

パラグアイ IOC IPC
パラグアイ共和国

裏

比率3:5

面　積：40万7000km²
人　口：681万人
首　都：アスンシオン
主な言語：スペイン語、グアラニー語

1811年にスペインから独立しました。この国旗はユニークで表と裏の紋章デザインが異なります。表は国章で独立を象徴する星、ヤシの葉とオリーヴの枝が描かれ、裏は国庫証印で自由の赤い帽子とライオンが描かれています。赤は勇気と祖国愛、白は平和と団結、青は寛大と自由を表しています。

ブラジル IOC IPC
ブラジル連邦共和国

比率7:10

面　積：851万6000km²
人　口：2億929万人
首　都：ブラジリア
主な言語：ポルトガル語

1822年にポルトガルから独立しました。国旗の緑は豊かな森林資源、黄色い菱形は鉱物資源を表しています。中央に地球の外から見た青い天球と、ポルトガル語で「秩序と進歩」の標語が記された白い帯が描かれています。星座の27個の星は各州と対応しており、すべて位置が決まっています。

南アメリカ

比率2：3

面　積：91万2000km²
人　口：3198万人
首　都：カラカス
主な言語：スペイン語

ベネズエラ IOC IPC
ベネズエラ・ボリバル共和国

黄は国の豊かさ、青は勇気と大西洋、赤は独立闘争で流した血を表しています。2006年、チャベス大統領によってこの新国旗が制定されました。「ボリバル革命」を示す星を加え州数を表す白い星が7個から8個になり、旗竿側上部の国章も白馬を左向きにし、先住民、アフリカ人、農民を示す弓矢、鉈、フルーツが加えられました。

比率2：3

面　積：128万5000km²
人　口：3217万人
首　都：リマ
主な言語：スペイン語

ペルー IOC IPC
ペルー共和国

1821年にスペインから独立しました。国旗の赤は勇気と愛国心、白は平和を表しています。中央の紋章には赤いリボンで結ばれた月桂樹とヤシの枝のリースに囲まれた盾があります。その中には国の3つの資源としてビクーニャ、キナの木、金貨あふれる角が、盾の上にはカシの冠が描かれています。この国旗は1825年に制定されました。

比率2：3

面　積：109万9000km²
人　口：1105万人
首　都：ラパス（法律上の首都はスクレ）
主な言語：スペイン語

ボリビア IOC
ボリビア多民族国

中央に国章を置いた赤、黄、緑の横三色国旗です。赤は独立闘争で流した血、黄は豊富な鉱物資源、緑は肥沃な国土を表しています。国章には銀山として有名なポトシ山などの風景、国旗、国鳥のコンドル、大砲、ライフル銃、自由の赤帽子、インディオの斧、州数を示す10個の黄色い五角星などが描かれています。

比率1：1

国際赤十字
International Red Cross

国際赤十字は1863年にジュネーブ条約によって誕生した組織で、戦争の犠牲者、災害被災者の救援や医療活動などを行っています。赤十字の標章はスイスの国旗の色を反転させたもので、創設者アンリ・デュナンの母国スイスに敬意を表しています。イスラム諸国では、キリスト教を表す十字のかわりに赤新月を描いた標章が使われています。

61

オセアニア

比率1:2

面　積：769万2000km²
人　口：2445万人
首　都：キャンベラ
主な言語：英語

オーストラリア IOC IPC
オーストラリア連邦

1901年に英国植民地が集まりオーストラリア連邦を結成、同年のデザイン・コンテストで国旗の原型が決まりました。大きな七角星は「連邦の星」と呼ばれて、6州と1準州を表します。右側の5個の星は南十字星を表し、国が南半球に位置することを、旗竿側上部の英国旗は両国の歴史的関係を示しています。

比率1:2

面　積：700km²
人　口：12万人
首　都：タラワ
主な言語：キリバス語、英語

キリバス IOC IPC
キリバス共和国

1979年に英国から独立しました。国旗は英国政府から授与された植民地時代の紋章をもとにつくられています。波形の青は太平洋、3本の白い縞は国を構成する3地区を、黄色い翼を広げた鳥は軍艦鳥で力強さと美しさを、黄色い太陽と赤い地色は熱帯の海に朝日が昇る様子を示しています。

比率1:2

面　積：200km²
人　口：2万人
首　都：アバルア
主な言語：マオリ語、英語

クック諸島 IOC
クック諸島

南太平洋、ポリネシア南西部に位置するニュージーランドとの自由連合国で、2011年3月、日本はクック諸島を国家承認しました。国旗は1979年に制定され、青は太平洋を表すとともに、ニュージーランド及び英国との友好関係を白は平和と友情を示しています。15個の星は国を構成する15の島を示し、同じ大きさの星を環状に配したことで、平等と統一を表しています。

オセアニア

サモア IOC IPC
サモア独立国

1962年に独立したサモアの国旗は、かつてこの地を統治していた英国、ニュージーランドの国旗の3色をもとにつくられています。青は自由、赤は勇気、白は純粋を表しています。旗竿側上部の5個の白い五角星は南十字星で、この国が南半球に位置していることを示しています。1997年に西サモアから国名を改称しました。

比率 1:2

- 面 積：2800km²
- 人 口：20万人
- 首 都：アピア
- 主な言語：サモア語、英語

ソロモン諸島 IOC IPC
ソロモン諸島

1978年に英国から独立しました。旗竿側上部にある5個の白い五角星はこの国の5つの行政区を、青は空と海、緑は肥沃な土地、青と緑のふたつの三角形を分ける黄色い斜め帯は太陽を表しています。この国旗は1977年に制定され、翌1978年の独立以後も使われています。

比率 1:2

- 面 積：2万9000km²
- 人 口：61万人
- 首 都：ホニアラ
- 主な言語：英語、ピジン語

ツバル IOC
ツバル

1978年に英国から独立しました。ツバルとは現地語で「8」を意味しますが、国旗にはひとつの無人島を含めた9島を表す黄色い五角星が薄青色地に描かれています。旗竿側上部にある英国旗はツバルの英国との歴史的・政治的な関係を表しています。この国旗は1978年に制定されました。

比率 1:2

- 面 積：30km²
- 人 口：1万人
- 首 都：フナフティ
- 主な言語：ツバル語、英語

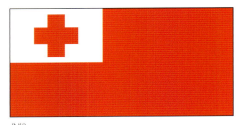

比率1:2

面　積：700km²
人　口：11万人
首　都：ヌクアロファ
主な言語：トンガ語、英語

トンガ IOC IPC
トンガ王国

1970年に英国から独立しました。1866年、国王ジョージ・ツポウ1世は旗竿側上部に赤い十字を描いた白い長方形を持つ赤旗を国旗に定めました。赤はキリストの血、白は平和と偏りのない国民の心を表しています。このデザインは将来も決して変更しないことが憲法で定められています。

比率1:2

面　積：20km²
人　口：1万人
首　都：ヤレン
主な言語：ナウル語、英語

ナウル IOC
ナウル共和国

第2次世界大戦後ナウルは英国、オーストラリア、ニュージーランドの3国の国連信託統治領となり、1968年に独立しました。白い星は国土、その12の光は部族数を示しています。青は太平洋、黄は赤道、白い星の位置でナウルが赤道のわずか南にあるという地理を示しています。

比率1:2

面　積：300km²
人　口：2000人
首　都：アロフィ
主な言語：ニウエ語、英語

ニウエ
ニウエ

黄色はニウエを照らす明るい太陽とニウエ国民がニュージーランドとその国民に抱く温かい気持ち、4個の星は南十字星とニュージーランドとの友好関係を表しています。青い円に入った大きな星は、太平洋の離島ニウエの自治を示しています。

オセアニア

比率1：2

面　積：26万8000km²
人　口：471万人
首　都：ウェリントン
主な言語：英語、マオリ語

ニュージーランド　IOC　IPC
ニュージーランド

南半球の国では国旗に南十字星を入れるところが多いですが、ニュージーランドがもっとも早く、1869年に青地の旗に南十字星を入れました。白い縁取りの4個の赤い五角星を使っています。旗竿側上部の英国旗で英国との長い関係を示しています。この国旗は1902年に正式に制定されました。

比率3：5

面　積：1万2000km²
人　口：28万人
首　都：ポートビラ
主な言語：ビスラマ語、英語、フランス語

バヌアツ　IOC　IPC
バヌアツ共和国

1906年以降、イギリスとフランス共同の統治下に置かれましたが、1980年に独立しました。黄色い丸まった豚の牙は宗教上の飾りで力と富を、その中の2枚のナメレというシダの葉は新生国家と憲法を、シダの39の刻みは議会の議員数を示しています。黒は国民のメラネシア人、赤は豚の血、緑は国土の豊かさ、黄は太陽とキリスト教を表しています。

比率3：4

面　積：46万3000km²
人　口：825万人
首　都：ポートモレスビー
主な言語：英語、トクピシン語、モトゥ語

パプアニューギニア　IOC　IPC
パプアニューギニア独立国

1975年にオーストラリアから独立しました。国旗はデザイン・コンテストで選ばれた学生の作品によるものです。赤と黒はこの国で服や美術品によく用いられる伝統色です。極楽鳥はパプアニューギニアに多く生息する鳥で自由、統合、飛躍を表しています。白い5個の星は南十字星で、国が南半球に位置していることを示しています。

比率5：8

面　積：500km²
人　口：2万人
首　都：マルキョク
主な言語：パラオ語、英語

パラオ　IOC
パラオ共和国

1994年に米国の太平洋信託統治領から独立しました。国旗はデザイン・コンテストで1000点以上の応募作品の中から選ばれました。青は太平洋と独立、旗竿寄りの黄色い円は満月で、パラオが主権国家となったことを表しています。この国旗は独立前の1981年に制定されました。

フィジー IOC IPC
フィジー共和国

比率1:2

面　積：1万8000km²
人　口：91万人
首　都：スバ
主な言語：フィジー語、ヒンディー語、英語

1970年に英国から独立しました。植民地時代の旗の地色を明るい青に替え、紋章も盾の部分のみを使って新しい国旗をつくりました。盾にはココアの実を持つ黄色いライオン、サトウキビ、ココナツの木、オリーヴの小枝をくわえた鳩、バナナの房などが描かれています。

マーシャル諸島 IOC
マーシャル諸島共和国

比率10:19

面　積：200km²
人　口：5万人
首　都：マジュロ
主な言語：マーシャル語、英語

1986年に米国の太平洋信託統治領から独立しました。青は太平洋、白は平和、オレンジ色は勇気、斜めに引かれた2本の帯はラタック列島とラリック列島を表しています。その上にある星は国が赤道のわずか北に位置することを示しています。星の24の光は自治体数、また4本の長い光で十字をかたどり、キリスト教を表しています。

ミクロネシア連邦 IOC
ミクロネシア連邦

比率10:19

面　積：700km²
人　口：11万人
首　都：パリキール
主な言語：英語、チューク語、ヤップ語

1986年に米国の太平洋信託統治領から独立しました。白い4個の五角星は主要4島であるチューク、ヤップ、コスラエ、ポンペイを示し、同時に南十字星とキリスト教をも表しています。青は太平洋と自由、白は平和を象徴しています。もともとの地色は国連旗と同じ薄青色でしたが、独立した際に濃い青に替えられました。

国際オリンピック委員会(IOC)・国際パラリンピック委員会(IPC)加盟地域

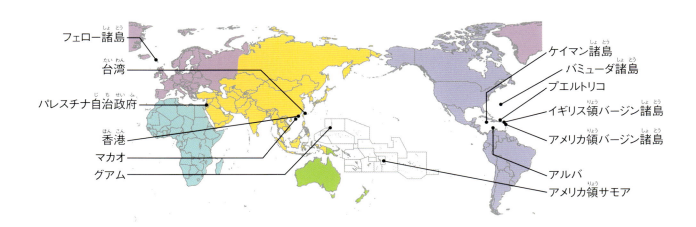

比率10:19

面　積：199km²
人　口：6万人
主　都：ファガドゴ
主な言語：サモア語、英語

アメリカ領サモア　IOC

青、白、赤は米国旗の色で、白頭鷲は米国によるサモアの保護を表しています。鷲は知恵のシンボルであるフエという儀式用杖とサモア首長の権力のシンボルであるウアトギという戦闘用ナイフを持っています。伝統的なシンボルを持つ鷲は米国人とサモア人の友情を表しています。

比率2:3

面　積：347km²
人　口：11万人
主　都：シャーロットアマリエ
主な言語：英語

アメリカ領バージン諸島　IOC　IPC

域旗は、中央に黄色い鷲と域名頭文字VIを描いた白旗です。鷲の胸には赤と白の13条の縦縞と上部に青い米国国章を単純化した盾が付いています。鷲は足で平和を表す緑色のオリーヴの枝と国土防衛を表す3本の青い矢をつかんでいます。旗の白は純粋さを表しています。

比率2:3

面　積：180km²
人　口：11万人
主　都：オラニエスタット
主な言語：オランダ語、英語、スペイン語、パピアメント語

アルバ　IOC　IPC

青は国連旗の色で平和を望む国民の願いとカリブ海、赤は土、白は海岸の砂浜を示しています。また、星はオランダ語、英語、スペイン語、パピアメント語の主要4言語と人びとの団結と力強さを、下部にある2本の黄色い横縞は太陽と鉱物資源を表しています。

67

比率1：2

面　積：151km²
人　口：3万人
主　都：ロードタウン
主な言語：オランダ語、英語、スペイン語、パピアメント語

イギリス領バージン諸島 IOC

フライ（旗竿から遠い旗尾側）の域章の緑色の盾には、5世紀、ローマ人による迫害で殺された殉教聖女・ウルスラの祝祭日にバージン諸島が発見された由来を示す、金の燭台を持つ女性が描かれています。12個の燭台は主要12島を表し、盾の下にはラテン語で「慎重にあれ」と標語が記されています。

比率22：41

面　積：549km²
人　口：16万人
主　都：ハガッニャ
主な言語：英語、チャモロ語

グアム IOC

域旗の赤は島民の流した血、青はグアムの統一を表しています。楕円形はチャモロ人が玄武岩や珊瑚を切り出して作った投石弾をかたどっており、その中に「恋人岬」を望むグアムの風景が描かれています。ハガッニャ川は島の資源を共有する意思を表しています。

比率1：2

面　積：264km²
人　口：6万人
主　都：ジョージタウン
主な言語：英語

ケイマン諸島 IOC

フライの域章には赤地に英国領土を示す黄色いライオン、カリブ海を表す白と青の波線、黄色で縁取りされた主要3島を表す3個の緑色の星、盾の上にはジャマイカとの過去の関係を示すジャマイカ特産パイナップルと緑海亀が描かれています。下部には「海で築く」と英語標語が記されています。

比率2：3

面　積：3万6000km²
人　口：2363万人
主　都：タイペイ（台北）
主な言語：中国語

台湾（チャイニーズ・タイペイ） IOC IPC

赤、青、白の3色は孫文が唱えた三民主義、つまり民族の独立、民権の伸長、民生の安定を表しています。青地に描かれた白い太陽が放つ12本の光は、1年の12カ月と12支、12刻を意味し、終わりのない進歩を示しています。オリンピック、パラリンピックでは白いチャイニーズ・タイペイ旗が使用されます。

比率1：2

面　積：54km²
人　口：7万人
主　都：ハミルトン
主な言語：英語、ポルトガル語

バミューダ IOC IPC

バミューダは、1609年にバージニアに向かう途中で難破したジョージ・ソマーズ卿に率いられた英国人によって初めて植民されました。域旗のフライにある域章は、ジョージ・ソマーズ卿の帆船「シーベンチャー号」が難破している光景を描いた盾を赤いライオンが抱えている図柄になっています。

国際オリンピック委員会（IOC）・国際パラリンピック委員会（IPC）加盟地域

比率1：2

面　積：6020km²
人　口：492万人
主　都：ラマッラ
主な言語：アラビア語

パレスチナ自治政府 IOC IPC

バグダッドのアッバース朝の黒、シリアのウマイヤ朝の白、北アフリカのファティマ朝の緑、ヨルダンのハシェミット朝の赤を組み合わせた汎アラブ旗です。黒は暗い過去、白と緑はイスラムの純粋さと伝統、赤はパレスチナ人の勇気を表しています。

比率2：3

面　積：8868km²
人　口：366万人
主　都：サンファン
主な言語：スペイン語、英語

プエルトリコ IOC IPC

スペインからの独立を目指してともに戦ったのでキューバ国旗に似ていて、青と赤を入れ替えた配色になっています。白い星はプエルトリコ、青い三角形は政府の立法部、司法部、行政部を表しています。3本の赤い縞はこれら3部局を活性化させる国民の血、2本の白い縞は人権と個人の自由を表しています。

比率8：11

面　積：1393km²
人　口：5万人
主　都：トースハウン
主な言語：フェロー語

フェロー諸島 IPC

フェロー諸島域旗は、青で縁取りされた赤いスカンジナビア十字を持つ白旗です。白はフェロー諸島の泡立つ海と澄んだ空を表しています。青と赤は古くからフェロー人の色として使われてきた色です。十字はキリスト教徒が多いことを表しています。旗は1948年に考案されました。

比率2：3

面　積：1100km²
人　口：737万人
主　都：なし
主な言語：中国語、英語

香港 IOC IPC

1997年に香港は英国から中国に返還されました。域旗は、中央に香港の代表的な花であるバウヒニア（紫荊）の花弁に5個の赤い星をあしらった赤旗です。赤と5個の星は中国国旗にも使われており、本土との一体感を表しています。赤白2色は1国2制度を示し、中国の一部として繁栄発展する姿を表しています。

比率2：3

面　積：30km²
人　口：62万人
主　都：なし
主な言語：中国語、ポルトガル語

マカオ IPC

域旗は、中央にマカオ半島、タイパ島、コロアネ島を表す3枚の葉を持つ白い蓮の花を配し、蓮はマカオのシンボルで、山型の線はマカオと中国本土の架け橋となるマカオ・タイパ橋を図案化しています。4本の線は海、上部にある5個の黄色い星は中国国旗にもあるデザインで本土との一体感を表しています。

国名・地域名のさくいん（五十音順）

国名・地域名 → 国・地域の出ているページ / オリンピック・パラリンピックの略号

ア
国名・地域名	略号	ページ
アイスランド	ISL	20
アイルランド	IRL	20
アゼルバイジャン	AZE	6
アフガニスタン	AFG	6
アメリカ合衆国	USA	50
アメリカ領サモア	ASA	67
アメリカ領バージン諸島	ISV	67
アラブ首長国連邦	UAE	6
アルジェリア	ALG	34
アルゼンチン	ARG	58
アルバ	ARU	67
アルバニア	ALB	20
アルメニア	ARM	7
アンゴラ	ANG	34
アンティグア・バーブーダ	ANT	50
アンドラ	AND	21
イエメン	YEM	7
イギリス	GBR	21
イギリス領バージン諸島	IVB	68
イスラエル	ISR	7
イタリア	ITA	21
イラク	IRQ	8
イラン	IRI	8
インド	IND	8
インドネシア	INA	9
ウガンダ	UGA	34
ウクライナ	UKR	22
ウズベキスタン	UZB	9
ウルグアイ	URU	58
エクアドル	ECU	58
エジプト	EGY	35
エストニア	EST	22
エスワティニ	SWZ	35
エチオピア	ETH	35
エリトリア	ERI	36
エルサルバドル	ESA	50

オ
国名・地域名	略号	ページ
オーストラリア	AUS	62
オーストリア	AUT	22
オマーン	OMA	9
オランダ	NED	23

カ
国名・地域名	略号	ページ
ガイアナ	GUY	59
カザフスタン	KAZ	9
カタール	QAT	10
ガーナ	GHA	36
カナダ	CAN	51
カーボヴェルデ	CPV	36
ガボン	GAB	37
カメルーン	CMR	37
ガンビア	GAM	37
カンボジア	CAM	10
ギニア	GUI	37
ギニアビサウ	GBS	38
キプロス	CYP	10
キューバ	CUB	51
ギリシャ	GRE	23
キリバス	KIR	62
キルギス	KGZ	11
グアテマラ	GUA	51
グアム	GUM	68
クウェート	KUW	11
クック諸島	COK	62
グレナダ	GRN	52
クロアチア	CRO	23
ケイマン諸島	CAY	68
ケニア	KEN	38
コスタリカ	CRC	52
コソボ	KOS	23
コートジボワール	CIV	38
コモロ	COM	39
コロンビア	COL	59
コンゴ共和国	CGO	39
コンゴ民主共和国	COD	39

サ
国名・地域名	略号	ページ
サウジアラビア	KSA	11
サモア	SAM	63
サントメ・プリンシペ	STP	39
ザンビア	ZAM	40
サンマリノ	SMR	24
シエラレオネ	SLE	40
ジブチ	DJI	40
ジャマイカ	JAM	52
ジョージア	GEO	11
シリア	SYR	12
シンガポール	SIN	12
ジンバブエ	ZIM	41
スイス	SUI	24
スウェーデン	SWE	24
スーダン	SUD	41
スペイン	ESP	25
スリナム	SUR	59
スリランカ	SRI	12
スロバキア	SVK	25
スロベニア	SLO	25
赤道ギニア	GEQ	41
セーシェル	SEY	41
セネガル	SEN	42
セルビア	SRB	25
セントクリストファー・ネーヴィス	SKN	53
セントビンセント及びグレナディーン諸島	VIN	53
セントルシア	LCA	53
ソマリア	SOM	42
ソロモン諸島	SOL	63

タ
国名・地域名	略号	ページ
タイ	THA	13
大韓民国	KOR	13
台湾（チャイニーズ・タイペイ）	TPE	68
タジキスタン	TJK	13
タンザニア	TAN	42
チェコ	CZE	26
チャド	CHA	43
中央アフリカ	CAF	43

	中華人民共和国	CHN	13		バーレーン	BRN	15	
	チュニジア	TUN	43		ハンガリー	HUN	27	
	朝鮮民主主義人民共和国	PRK	14		バングラデシュ	BAN	16	
	チリ	CHI	60		東ティモール	TLS	16	
	ツバル	TUV	63		フィジー	FIJ	66	
	デンマーク	DEN	26		フィリピン	PHI	16	
	ドイツ	GER	26		フィンランド	FIN	27	
	トーゴ	TOG	43		プエルトリコ	PUR	69	
	ドミニカ共和国	DOM	53		フェロー諸島	FRO	69	
	ドミニカ国	DMA	54		ブータン	BHU	17	
	トリニダード・トバゴ	TTO	54		ブラジル	BRA	60	
	トルクメニスタン	TKM	14		フランス	FRA	28	
	トルコ	TUR	14		ブルガリア	BUL	28	
	トンガ	TGA	64		ブルキナファソ	BUR	45	

	ミクロネシア連邦	FSM	66
	南アフリカ	RSA	47
	南スーダン	SSD	47
	ミャンマー	MYA	18
	メキシコ	MEX	56
	モザンビーク	MOZ	47
	モナコ	MON	30
	モーリシャス	MRI	47
	モーリタニア	MTN	48
	モルディブ	MDV	18
	モルドバ	MDA	31
	モロッコ	MAR	48
	モンゴル	MGL	18
	モンテネグロ	MNE	31

ナ

	ナイジェリア	NGR	44
	ナウル	NRU	64
	ナミビア	NAM	44
	ニウエ	未加盟	64
	ニカラグア	NCA	54
	ニジェール	NIG	44
	日本	JPN	15
	ニュージーランド	NZL	65
	ネパール	NEP	15
	ノルウェー	NOR	27

	ブルネイ	BRU	17
	ブルンジ	BDI	45
	ベトナム	VIE	17
	ベナン	BEN	45
	ベネズエラ	VEN	61
	ベラルーシ	BLR	28
	ベリーズ	BIZ	56
	ペルー	PER	61
	ベルギー	BEL	29
	ボスニア・ヘルツェゴビナ	BIH	29
	ボツワナ	BOT	45
	ポーランド	POL	29
	ボリビア	BOL	61
	ポルトガル	POR	29
	ホンコン（香港）	HKG	69
	ホンジュラス	HON	56

ヤ

	ヨルダン	JOR	19

ラ

	ラオス	LAO	19
	ラトビア	LAT	31
	リトアニア	LTU	31
	リビア	LBA	48
	リヒテンシュタイン	LIE	32
	リベリア	LBR	49
	ルクセンブルク	LUX	32
	ルーマニア	ROU	32
	ルワンダ	RWA	49
	レソト	LES	49
	レバノン	LIB	19
	ロシア	RUS	33

ハ

	ハイチ	HAI	55
	パキスタン	PAK	15
	バチカン	未加盟	27
	パナマ	PAN	55
	バヌアツ	VAN	65
	バハマ	BAH	55
	パプアニューギニア	PNG	65
	バミューダ諸島	BER	68
	パラオ	PLW	65
	パラグアイ	PAR	60
	バルバドス	BAR	55
	パレスチナ自治政府	PLE	69

マ

	マカオ	MAC	69
	マケドニア	MKD	30
	マーシャル諸島	MHL	66
	マダガスカル	MAD	46
	マラウイ	MAW	46
	マリ	MLI	46
	マルタ	MLT	30
	マレーシア	MAS	17

国・地域の属している州

	アジア
	ヨーロッパ
	アフリカ
	北アメリカ
	南アメリカ
	オセアニア

苅安 望（かりやす のぞみ）

1949年、千葉県生まれ。旗章学研究者。早稲田大学政治経済学部政治学科卒業。
三菱商事㈱本店、ニューヨーク支店、メルボルン支店勤務を経て、ヤマサ醬油取締役国際部長・顧問を歴任し、2015年退職。2000年より旗章学協会国際連盟（FIAV）の公認団体である日本旗章学協会会長。北米旗章学協会、英国旗章学協会、オーストラリア旗章学協会、南アフリカ旗章学協会、北欧旗章学協会、各会員。

筆者は小学生の頃から世界の旗に興味を抱き、海外に駐在した10年間も現地の旗の研究団体に入り、これまでおよそ60年にわたって各国のさまざまな旗の収集と研究を続けてきました。国旗は各国の政府によって独自に決められています。世界標準規格はありません。従って、その国を象徴するのにもっとも相応しいデザインと色が、またそれぞれの国旗をもっとも美しく見せるタテヨコの国旗比率が使われています。日本の書籍は、国旗を表示する場合に、その多くはタテヨコ2:3の国旗比率を使っていますが、これでは本当の国旗のデザインが歪んで見えてしまいます。この本ではデザイン、色、タテヨコの国旗比率、国旗の由来について各国の法律と旗の研究団体からの情報をもとに、可能な限り正確に表現しています。正確な国旗を知ることで、世界の国ぐにの歴史、文化、政治などを幅広く正確に知ることが出来るようになります。読者の皆さん、ページをめくりながら一緒に世界一周の旅に出発しましょう。

こども世界国旗図鑑 二訂版

2009年6月22日	初版第1刷発行
2014年5月19日	初版第4刷発行
2018年10月24日	二訂版第1刷発行

編著	苅安 望
発行者	下中美都
発行所	株式会社平凡社 〒101-0051 東京都千代田区神田神保町3-29 電話（03）3230-6581（編集） 　　（03）3230-6573（営業） 振替00180-0-29639
制作	株式会社平凡社地図出版
装幀	鷲巣デザイン事務所
デザイン	渡邉 宙（MAN-RAY）
印刷	株式会社東京印書館
製本	大口製本印刷株式会社

ISBN978-4-582-40746-4
NDC分類番号288.9　A4判（29.7cm）　総ページ72
平凡社ホームページ
http://www.heibonsha.co.jp/

©2018 Nozomi Kariyasu
©2018 Heibonsha Ltd., Publishers
In collaboration with
Heibonsha Cartographic Publishing Co., Ltd.
Printed in Japan
FIRST EDITION 2009